55 Webtools für den Unterricht

einfach, konkret, step-by-step

Auer

Wir haben uns für die Schreibweise mit dem Sternchen entschieden, damit sich Frauen, Männer und alle Menschen, die sich anders bezeichnen, gleichermaßen angesprochen fühlen. Aus Gründen der besseren Lesbarkeit für die Schüler*innen verwenden wir in den Kopiervorlagen das generische Maskulinum.

In diesem Werk sind nach dem MarkenG geschützte Marken und sonstige Kennzeichen für eine bessere Lesbarkeit nicht besonders kenntlich gemacht. Es kann also aus dem Fehlen eines entsprechenden Hinweises nicht geschlossen werden, dass es sich um einen freien Warennamen handelt.

4. komplett überarbeitete und aktualisierte Auflage 2020

Covergestaltung: Daniel Fischer Grafikdesign München
Illustrationen: Corina Beurenmeister, Steffen Jähde
Satz: Fotosatz H. Buck, Kumhausen
Druck und Bindung: Korrekt Nyomdaipari Kft., Budapest
ISBN 978-3-403-**07842**-5
www.auer-verlag.de

Webtools (auch Web-Apps genannt) können den Unterricht nicht nur bereichern, sondern auch verändern.
Im Folgenden werden speziell für Schule und Unterricht ausgewählte Webtools vorgestellt. Die knappen Beschreibungen sowie die jeweiligen Unterrichtsbeispiele sollen Ideen für einen kreativen, an den Schüler*innen orientierten und zeitgemäßen Unterricht geben.

Was sind eigentlich Webtools?

Webtools (Netzwerkzeuge) sind internetbasierte Programme, für deren Verwendung ein digitales Endgerät (z. B. PC, Tablet, Smartphone), ein Browser (z. B. Mozilla Firefox, Internet-Explorer, Safari) und eine Internetverbindung benötigt werden. Wie die Übersetzung des Wortes bereits verrät, handelt es sich bei Webtools um digitale Werkzeuge, die man für die Planung, Durchführung und Nachbereitung von Unterricht nutzen kann. Über die didaktisch-methodische Anwendung hinaus können Webtools auch gut für organisatorische Zwecke im Schulalltag eingesetzt werden.

Warum Webtools?

Webtools können das Arbeiten der Lerngruppe erleichtern, die Interaktion zwischen allen Beteiligten fördern, die Motivation der Schüler*innen steigern und Kreativität freisetzen. Viele der Tools können nicht nur im Unterricht selbst, sondern auch in der Unterrichtsvor- und -nachbereitung eingesetzt werden. Sie können systemübergreifend auf allen Endgeräten und Betriebssystemen genutzt werden. Dies ist insbesondere dann wichtig, wenn man mit verschiedenen (mobilen) Endgeräten arbeitet.
Da diese Internetwerkzeuge so vielfältig sind, können Webtools in allen Unterrichtsfächern und allen Jahrgangsstufen eingesetzt werden.

Auswahl der Webtools

Bei der Vielzahl der im Netz verfügbaren Anwendungen ist eine Reduzierung nicht leicht. Neben den hier vorgestellten Tools gibt es natürlich weitere von ähnlicher Qualität. Für die hier getroffene Auswahl wurden folgende Kriterien zugrunde gelegt: der Nutzen für den Unterricht, die einfache, intuitive Handhabung und die kostenfreie, wenn möglich auch registrierungslose Verwendung. Einige der Tools basieren auf dem sogenannten Freemium-Modell, d. h. dass die Basisvariante des Tools in der Regel gratis nutzbar ist und nur bei einem Upgrade auf die umfangreichere Premium-Version Kosten entstehen. Da viele der Anbieter aus dem englischsprachigen Raum kommen, ist ein Teil der vorgestellten Webtools auf Englisch.

Darstellung der Webtools

Die Darstellung der Webtools ist einheitlich gestaltet. Die übersichtliche Gliederung mit Angaben zu Einsatzmöglichkeiten, Fach, Klassenstufe, benötigtem Endgerät und ggf. zur Registrierung ermöglicht eine schnelle Auswahl des passenden Tools. Die Beschreibung gibt einen Überblick, wofür das jeweilige Tool genutzt werden kann. Zudem wird die Nutzungsweise erklärt und mindestens ein konkretes Unterrichtsszenario skizziert. Einige Tools sind jedoch recht komplex, sodass sie nur in ihren Grundfunktionen beschrieben werden können. Die Screenshots unterstützen die Ausführungen visuell und sollen insbesondere durch die Kommentierung eine bessere Orientierung ermöglichen.

Hinweis
Alle Angaben zu den Webtools (z.B. zur Registrierung) sowie die Beschreibung der Tools sind auf die Nutzung am Computer (mit Windows-Betriebssystemen) angepasst. Bei der Nutzung von Tablets oder Smartphones kann es, v.a. bei der Darstellung und Registrierung, zu Abweichungen kommen, die hier nicht explizit aufgeführt werden können. Die Ideen lassen sich aber meist problemlos adaptieren.

Haftungsausschluss, datenschutzrechtliche und allgemeine Hinweise

Alle genannten Internetlinks wurden zum Zeitpunkt der Druckfreigabe noch einmal getestet und funktionierten. Es kommt jedoch immer wieder vor, dass einzelne Links abgeschaltet werden oder zu einer anderen Quelle führen.
Bei der Beschreibung der Webtools ist immer angegeben, ob eine Registrierung notwendig ist. Auch wenn keine Registrierung erforderlich ist, kann es sein, dass der jeweilige Anbieter, der je nach Serverstandort ggf. nicht den relativ strengen deutschen Datenschutzrichtlinien unterliegt, Daten der Nutzer*innen sammelt, analysiert und verwertet. Die Lehrkraft sollte sich deshalb immer vorab in den Datenschutz- und Nutzungsbedingungen der jeweiligen Anbieter über die Bedingungen informieren und ggf. mit der Schule / dem Schulträger klären, ob eine Nutzung im schulischen Kontext gestattet ist. Für registrierungspflichtige Dienste kann auch die Schule E-Mail-Konten für die Schüler*innen bereitstellen, damit diese nicht ihre privaten Adressen verwenden müssen. Falls ein Tool die Eingabe von Namen verlangt, sollten diese auf jeden Fall pseudonymisiert werden.

https://www.blinde-kuh.de

Computer, Tablet, Smartphone

keine Registrierung erforderlich

Beschreibung

Blinde Kuh ist eine Suchmaschine speziell für Kinder im Alter von acht bis zwölf Jahren. Die Texte dieser Seite sind so verfasst, dass Kinder sie leicht verstehen können. Die Suchmaschine arbeitet nicht kommerziell, dem Datenschutz wird eine hohe Priorität eingeräumt. So ermittelt und verwertet blinde-kuh.de nach eigenen Angaben keine personenbezogenen Daten.
Blinde Kuh bietet sowohl eine Smart-Version als auch eine Desktop-Version, auf die sich die folgende Beschreibung bezieht. Die Ansicht kann über die beiden Buttons oben rechts jeweils gewechselt werden. Wie auch bei anderen Suchmaschinen gibt es direkt unterhalb des Blinde-Kuh-Logos ein Suchfeld, in das man die Suchanfrage eingeben kann (Abb. 1). Neben dem Suchfeld sind verschiedene bunte Buttons, über die z. B. aktuelle Nachrichten (zweiter Button von links in der Menüleiste) oder interessante Videos (dritter Button von links) aufgerufen werden können. Daneben bietet die Seite Informationen zur Sicherheit im Netz (erster Button von rechts), eine große Sammlung an Links bzw. Surftipps (erster Button von links) sowie eine Sammlung unterschiedlicher Spiele (dritter Button von rechts). Darüber hinaus hat blinde-kuh.de einen Mitmach-Bereich (zweiter Button von rechts), in dem Kinder eigene Geschichten oder Reportagen veröffentlichen können (Abb. 1). Hat man sich für einen Bereich entschieden, stehen in der Auswahlleiste direkt unter der Menüleiste weitere Kategorien zur Auswahl, bei „Aktuell“ sind das z. B. „Nachrichten“, „International“, „Tipps“, „Podcast“, „Vodcast“, „Kinderzeitungen“.

Unterrichtsszenario

Blinde Kuh bietet sich in den unteren Jahrgangsstufen vor allem als Suchmaschinen-Tool für selbstständige Onlinerecherchen für Präsentationen oder im Rahmen der Projektarbeit an, da man hier nicht Gefahr läuft, dass altersunangemessene Inhalte angezeigt werden. Die Ergebnisse können dann beispielsweise in einem Präsentationstool weiterverarbeitet werden.

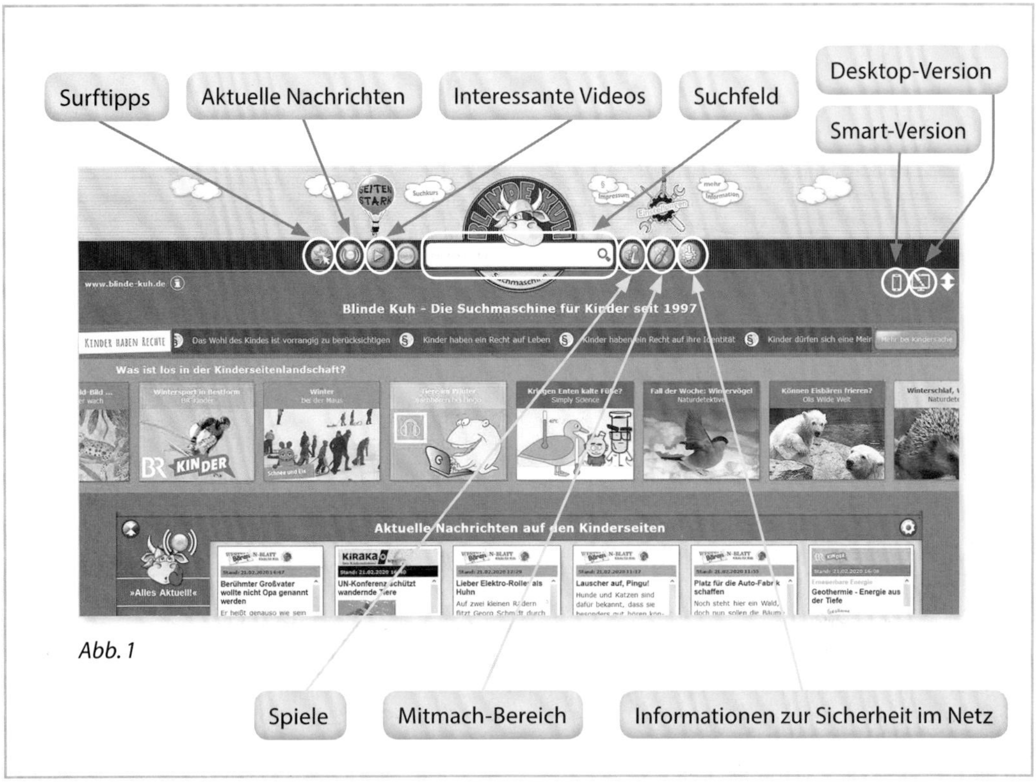

Abb. 1

Screenshot von https://www.blinde-kuh.de [23.02.2020]
Blinde Kuh e. V.

https://www.fragfinn.de/

https://schule.fragfinn.de/

Computer, Tablet, Smartphone

keine Registrierung erforderlich

Beschreibung

Die Suchmaschine fragFINN richtet sich speziell an Kinder. Es werden nur altersgerechte Quellen durchsucht, was verhindert, dass Kinder auf Suchergebnisse stoßen, die für sie verstörend sein können. Ermöglicht wird dies durch die Verwendung einer ständig aktualisierten Whitelist, also einer Sammlung von URLs, die für Kinder geeignet und somit freigegeben sind. Internetseiten speziell für Kinder erscheinen in der Trefferliste an erster Stelle.

Neben der Suchfunktion („FINN fragen"), auf der Startseite oben mittig (Abb. 1), bietet die Webseite unterschiedliche Themenboxen, z. B. „Top 10" zu wechselnden Themen, „FINNreporter", „Nachrichten", „Umfrage" und „Spiele" (Abb. 2). Täglich wird ein neuer „Surf-Tipp" vorgestellt und das Video des Tages präsentiert („Video-Tipp") (Abb. 1). Über das Lautsprecher-Symbol, in jeder Themenbox jeweils unten rechts, kann man sich den Text vorlesen lassen (Abb. 2). Zur besseren Orientierung ist der Text, der gerade vorgelesen wird, jeweils markiert. Über die roten Buttons am oberen Bildschirmrand kann man sich Hilfe holen („Such-Tipps": Hilfe zum richtigen Recherchieren; „Leichte Sprache": Hilfe, wie man die Seite benutzt), fragFINN eine Nachricht schreiben („FINN schreiben") oder eine Seite empfehlen („Seite vorschlagen") (Abb. 1).

Darüber hinaus gibt es einen Bereich für Erwachsene (Eltern, Pädagog*innen und Website-Anbieter), die hier Informationen, Links und Materialien zum sicheren Surfen finden („fragFINN für Erwachsene"), sowie einen Bereich für die Schule („fragFinn in der Schule"), der den schulischen Bedürfnissen nachkommt.

Unterrichtsszenario

An vielen weiterführenden Schulen gibt es in den unteren Jahrgangsstufen Projekttage. Bestandteil der Projektarbeit ist meist auch eine Internetrecherche. Durch die Whitelist hat fragFINN eine gute Filterfunktion und listet nur Treffer auf, die altersgerecht sind. Wichtig für die Recherche ist, dass fragFINN als Startseite im Browser eingestellt ist. Auch sollte die Lehrkraft stets darauf achten, dass die Schüler*innen tatsächlich nur über diese Webseite suchen.

Abb. 1

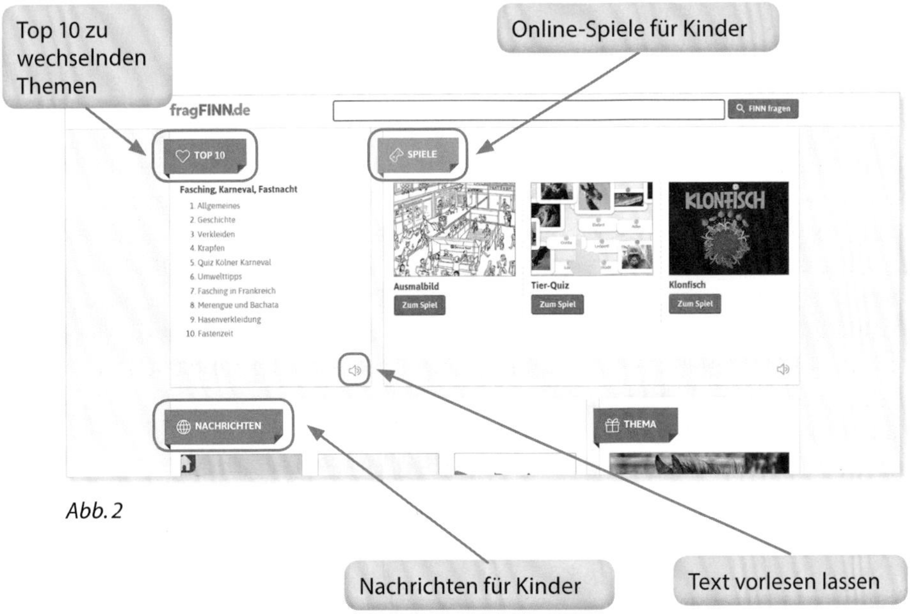

Abb. 2

Screenshots von https://www.fragfinn.de/ [23.02.2020]
fragFINN e. V.

https://www.helles-koepfchen.de

https://schule.helles-koepfchen.de/

Computer, Tablet, Smartphone

keine Registrierung erforderlich

Beschreibung

Helles Köpfchen ist eine Suchmaschine und ein Wissensportal für Kinder und Jugendliche. Die Lexikonartikel und Reportagen sind kind- und jugendgerecht formuliert und zeichnen sich u. a. dadurch aus, dass Fachbegriffe direkt im Artikel erklärt werden. Die Seite wurde gefördert von dem Beauftragten bzw. der Beauftragten der Bundesregierung für Kultur und Medien sowie vom Bundesministerium für Familie, Senioren, Frauen und Jugend.
Auf der Startseite findet man mittig eine Suchmaske für allgemeine Suchanfragen (Abb. 1). Als Ergebnis werden nicht nur Beiträge von Helles-Koepfchen.de aufgelistet, sondern auch Artikel anderer Kinder- und Jugendseiten, die von der Helles-Köpfchen-Redaktion nach eigenen Angaben im Vorfeld sorgfältig geprüft wurden. Direkt unter der Suchmaske stehen die Kategorien „Wissen“, „Reportage“ sowie „Spiel & Spaß“ zur Auswahl, die noch einmal weiter untergliedert sind (Abb. 1). So gibt es bei der Kategorie „Wissen“ beispielsweise die Unterthemen „Mensch & Natur“, „Gesellschaft & Politik“, „Kunst“ und „Technik“, bei der Kategorie „Spiel & Spaß“ u. a. „Online-Spiele“, „Bücher & Filme“ und „Rezeptideen“. Die Texte von Helles-Koepfchen.de dürfen für schulische Zwecke auch kostenlos ausgedruckt und vervielfältigt werden. Einzige Voraussetzung ist eine korrekte Quellenangabe. Darüber hinaus bietet Helles Köpfchen für die Verwendung im Schulunterricht eine vollständig werbefreie Version der Webseite an unter https://schule.helles-koepfchen.de/.

Unterrichtsszenario

Helles-Koepfchen.de bietet Lexikonartikel und Reportagen in kind- und jugendgerechter Sprache und kann so für selbstständige themenbezogene Recherchen, beispielsweise als Vorbereitung für ein Referat oder für die Projektarbeit, in nahezu allen Fächern genutzt werden. Aber auch in den gewöhnlichen Fachunterricht lassen sich selbstverantwortete Recherchephasen einbauen.

Abb. 1

Screenshot von https://www.helles-koepfchen.de [12.03.2020]
Cosmos Media UG / Helles-Koepfchen.de

http://www.scrumblr.ca

Computer, Tablet, ggf. Beamer oder interaktives Whiteboard

keine Registrierung erforderlich

Beschreibung

Scrumblr ist ein kollaboratives, virtuelles Whiteboard, das in seiner Funktion einer Pinnwand gleicht. Das Board kann über die Weitergabe der URL mit anderen geteilt werden. Auf der Startseite muss zunächst der Name des Boards festgelegt werden. Dieser ist später auch Bestandteil der URL des Boards. Mit Klick auf „go“ wird das Board erstellt (Abb. 1). Die Pinnwand ist in Spalten unterteilt, die beispielhaft benannt sind. Mit Doppelklick auf die Benennung kann diese entsprechend geändert werden. Bewegt man die Maus an den rechten Rand des Boards, erscheinen zwei Buttons (mit einem Plus- und einem Minus-Zeichen), über die sich Spalten hinzufügen oder entfernen lassen (Abb. 2). Mit Doppelklick auf eine der Karteikarten kann diese beschreibbar gemacht werden. Mit gedrückt gehaltener linker Maustaste kann die Karteikarte auf dem Board verschoben werden. Klickt man auf das „X“ in der oberen rechten Ecke der Karteikarte, wird die Karte vom Board entfernt. Unterhalb des Boards finden sich auf der linken Seite ein Plus-Zeichen, über das weitere Karteikarten hinzugefügt werden können, sowie zwei Pfeile, über die die Größe der Karteikarten angepasst werden kann. Die bunten Punkte auf der rechten Seite sind virtuelle Klebepunkte, die per Drag-and-drop auf die Karteikarten geklebt werden können (Abb. 2).
Möchte man das Board mit anderen teilen, um gemeinsam darin zu arbeiten, muss den anderen Nutzer*innen lediglich die URL des Boards zur Verfügung gestellt werden. Sobald sie das Board in ihrem Browser öffnen, haben auch sie die Möglichkeit, Karteikarten oder Bereiche hinzuzufügen und zu bearbeiten.
Achtung: Ruft man das Board über das Smartphone auf, können die Karteikarten lediglich verschoben werden. Eine Bearbeitung der Karteikarten ist nicht möglich.

Unterrichtsszenario

Scrumblr kann im Grunde für die gleichen Einsatzszenarien genutzt werden wie eine physische Pinnwand, also beispielsweise für das Sammeln und Strukturieren von Ideen zu Beginn einer Unterrichtseinheit oder für das Festhalten von Fragen, die während einer Unterrichtsreihe aufkommen. Daneben kann das Tool auch als Kanban-Board für agile Unterrichtsansätze genutzt werden: So kann die Klasse z. B. in Teams eingeteilt werden, die Teams legen sich eigene Boards an und visualisieren darauf ihre Aufgaben und den Arbeits-/Lernfortschritt.

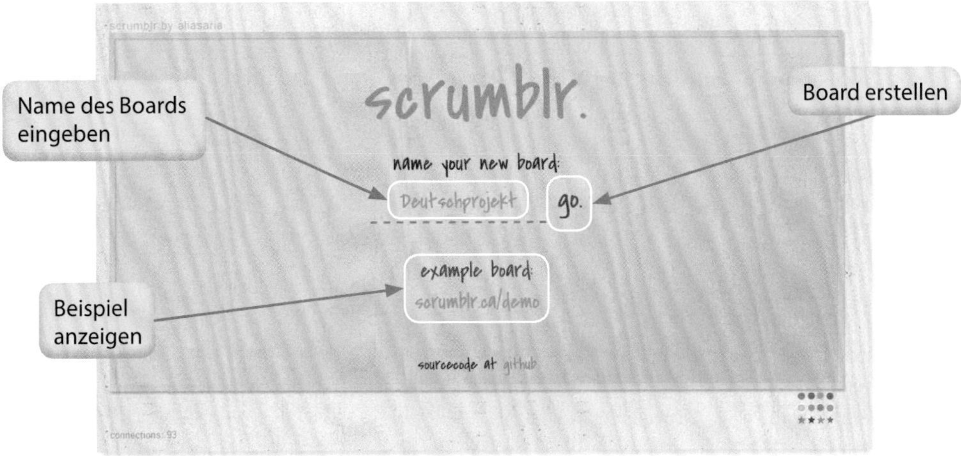

Abb. 1

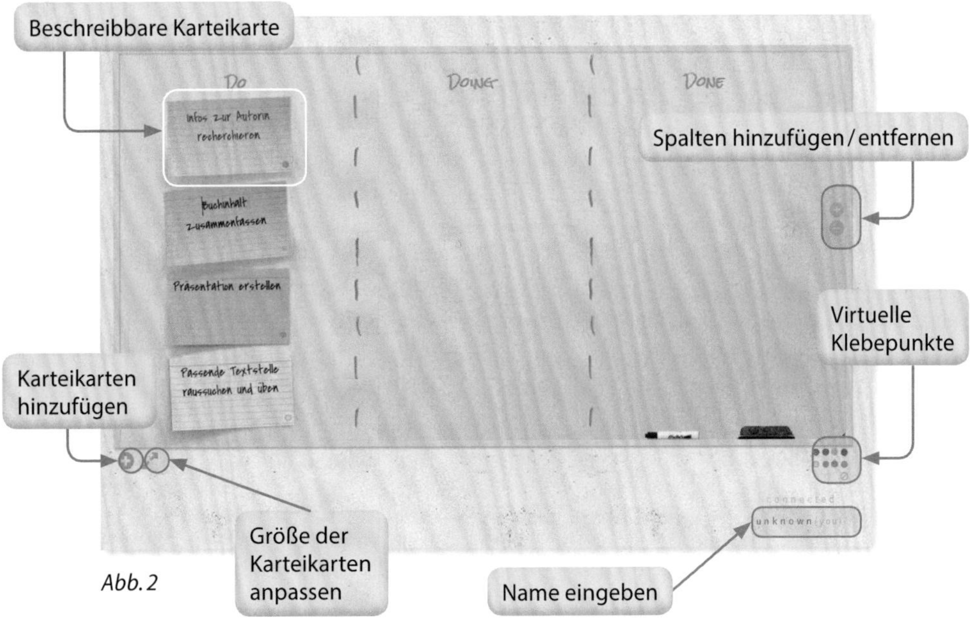

Abb. 2

Screenshots von http://www.scrumblr.ca [23.02.2020]
Scrumblr by aliasaria

https://padlet.com

Computer, Tablet, ggf. Beamer oder interaktives Whiteboard

Registrierung erforderlich

Beschreibung

Mit Padlet können Ideen bzw. Inhalte an einer virtuellen Pinnwand gesammelt werden. Dabei haben alle, die die genaue Webadresse (URL) der Wand kennen, Zugriff auf die Wand und können diese bearbeiten.
Zunächst muss man sich registrieren. Ist man angemeldet, kann man zwischen verschiedenen Vorlagen wählen (z. B. „Stream", „Raster", „Timeline"). Mit Klick auf „Vorschau" wird eine beispielhafte Umsetzung gezeigt. Mit Klick auf „Auswählen" kann die entsprechende Vorlage ausgewählt werden (Abb. 1). Die Wand wird angelegt. Über die Spalte auf der rechten Seite lässt sich die Wand individuell gestalten. So kann man beispielsweise den Titel und die Beschreibung der Wand anpassen oder die Hintergrundfarbe ändern (Abb. 2). Mit Doppelklick auf die leere Wand oder mit Klick auf das Plus-Zeichen unten rechts können Posts erstellt werden, die als Kästchen auf der Pinnwand dargestellt werden. Hier kann man nun Texte eingeben oder Anhänge (Foto-, Video-, Ton-, Textdateien) einfügen. Die Anhänge können als Dateien hochgeladen werden (erster Button von links) oder es kann auf eine Seite im Netz verlinkt werden (zweiter Button von links). Mit Klick auf die drei Punkte (erster Button von rechts) öffnet sich ein Fenster, in dem weitere Aktionen ausgewählt werden können, z. B. Sprachaufnahme starten, Screenshot oder Zeichnung erstellen (Abb. 3). Am oberen Bildschirmrand findet sich die Menüleiste. Mit Klick auf das Zahnrad-Symbol kann man beispielsweise noch einmal das Layout anpassen (unter „Appearance") oder festlegen, ob die einzelnen Posts kommentiert werden dürfen (unter „Beitrag"). Mit Klick auf „Teilen" kann die Pinnwand geteilt werden (Abb. 3). Der Link kann z. B. per E-Mail verschickt, als QR-Code ausgegeben oder auf Facebook oder Twitter gepostet werden. Zusätzlich kann die Pinnwand als Bild oder PDF-Datei gespeichert oder ausgedruckt werden.
Hinweis: In der Gratis-Version ist die Anzahl der Padlets begrenzt.

Unterrichtsszenario

Padlet ist vielfältig einsetzbar, besonders aber eignet es sich als Brainstorming-Tool, beispielsweise am Beginn einer Stunde: Die Schüler*innen sammeln hier ihre Assoziationen zu einem Thema, Text oder Bild. Auch bei der Vergabe von Referatsthemen kann Padlet hilfreich sein. Hier sollte allerdings die Listen-Funktion eingestellt sein, sodass man auf einen Blick sieht, wer sich als Erstes für ein Thema eingetragen hat.

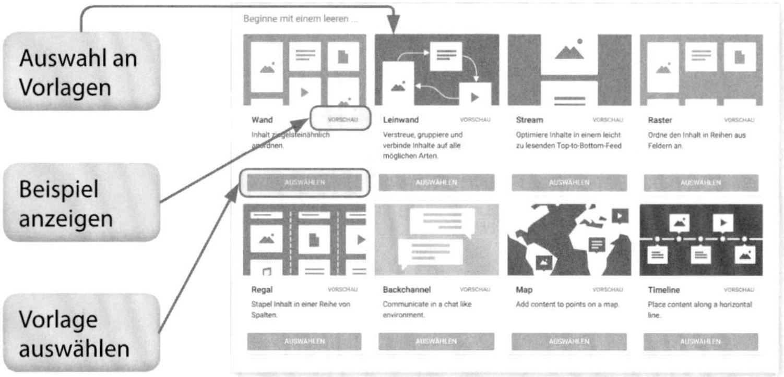

Abb. 1

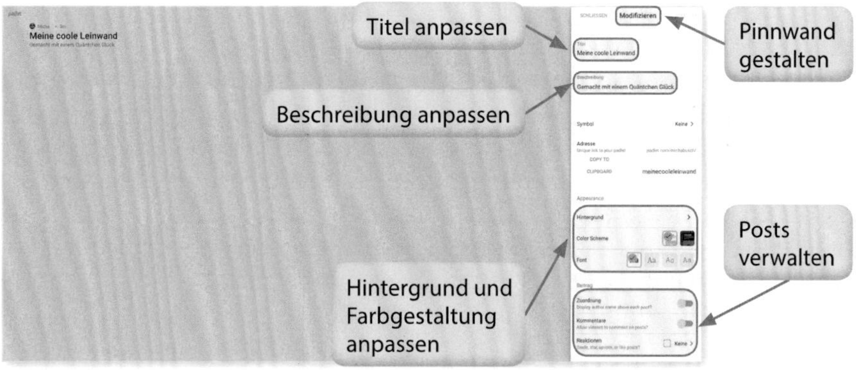

Abb. 2

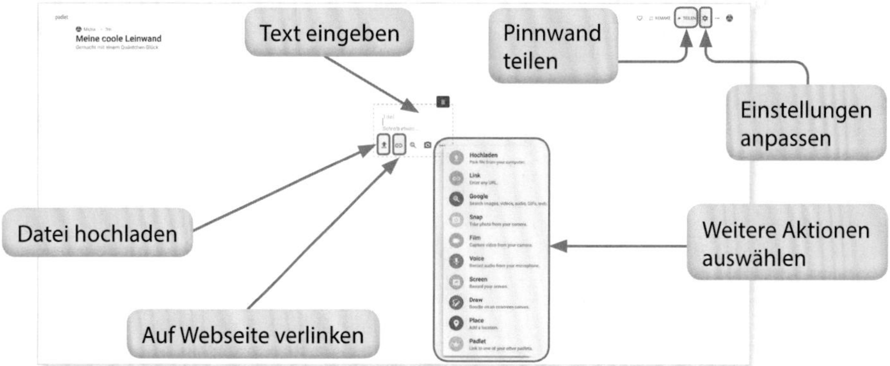

Abb. 3

Screenshots von https://padlet.com [23.02.2020]
Wallwisher, Inc.

http://www.popplet.com

Computer, Tablet, ggf. Beamer oder interaktives Whiteboard

keine Registrierung erforderlich

Hinweis: Für die Verwendung dieses Tools wird der Adobe Flash Player benötigt. Eine HTML5-Version wird entwickelt.

Beschreibung

Mit Popplet lassen sich übersichtliche Mindmaps erstellen.
Klickt man auf der Startseite am oberen rechten Bildschirmrand auf „try it out", kommt man sofort auf die Arbeitsfläche. Hier können nun per Doppelklick Popplets, d. h. Rahmen für Inhalte, erzeugt werden. Diese Rahmen kann man auf der Arbeitsfläche mit gedrückter linker Maustaste frei bewegen. Über die Bearbeitungsleiste am unteren Rand eines jeden Popplets kann der Rahmen farblich angepasst, das Popplet mit Text gefüllt, mit freien Zeichnungen geschmückt oder mit hochgeladenen Dateien angereichert werden (Abb. 1). Die Größe des Popplets kann man über die Dreiecke an den Ecken des Rahmens ändern. Zieht man einen der runden Punkte an den Seiten des Popplets vom Rahmen weg, erscheint eine Linie. Lässt man den Punkt los, ist an dieser Stelle ein neues Popplet. Zudem können durch das Ziehen der Punkte auch bereits bestehende Popplets miteinander verbunden werden (Abb. 1). Am oberen linken Bildschirmrand finden sich weitere Funktionen. Über die Zoom-Funktion lässt sich die Mindmap entsprechend vergrößern oder verkleinern. Mit Klick auf das Zahnrad-Symbol lässt sich die Mindmap ausdrucken, als PDF ausgeben oder im Präsentationsmodus starten (Abb. 2).

Unterrichtsszenario

Dieses Tool eignet sich, um die Ergebnisse eines gemeinsamen Brainstormings zu Beginn einer Unterrichtseinheit am interaktiven Whiteboard in eine strukturierte Form zu bringen. Eine andere Variante ist, dass die Schüler*innen einen gelesenen Text in eine reduzierte visuelle Struktur umwandeln. Auf diese Weise fassen sie die wesentlichen Aussagen eines Textes zusammen und setzen diese in Beziehung zueinander.

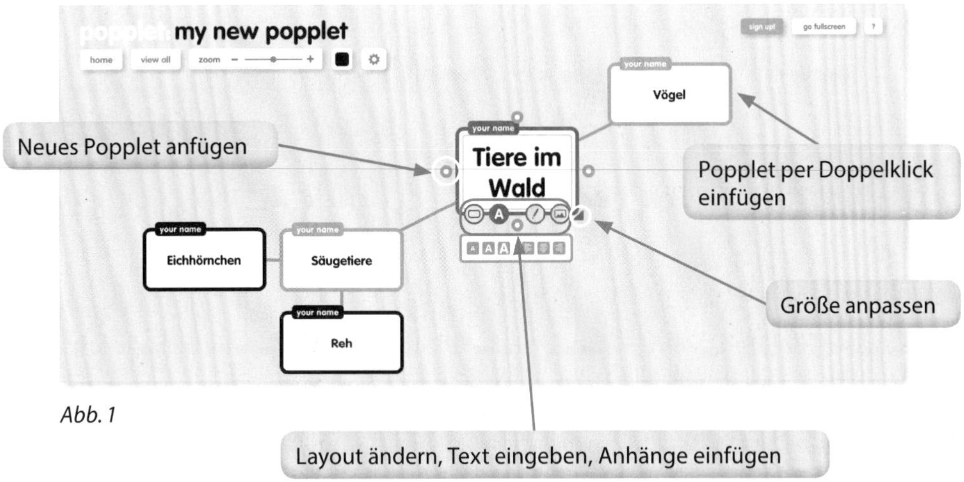

Abb. 1

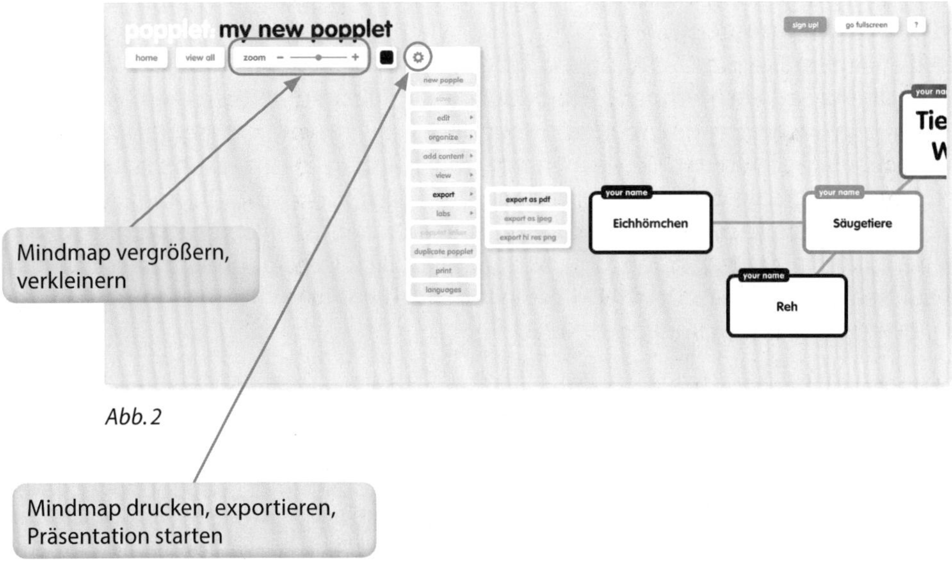

Abb. 2

Screenshots von http://www.popplet.com [07.02.2016]
Notion, Inc.

https://ethercalc.org

Computer, Tablet, ggf. Beamer oder interaktives Whiteboard

keine Registrierung erforderlich

Beschreibung

EtherCalc ist ein kollaboratives Tabellenkalkulationstool, mit dem Tabellen erstellt werden können, die dann von mehreren Nutzer*innen gleichzeitig und in Echtzeit bearbeitet werden können.
Klickt man auf der Startseite auf „Create Spreadsheet", öffnet sich ein neues Tab mit einer Tabelle. Die Ansicht und auch die Funktionen ähneln Tabellenkalkulationsprogrammen der bekannten Office-Pakete: Die Tabelle besteht aus Spalten, Zeilen und Zellen. Die Zellen können mit Werten oder Begriffen gefüllt werden. Über die Menüleiste am oberen Bildschirmrand lässt sich beispielsweise die Formatierung anpassen („Formatierung"), die Sortierung ändern („Sortieren") oder ein Protokoll der Sitzung aufrufen („Prüfung"). Darüber hinaus können auch Graphen erstellt werden („Graphen"). Direkt unter der Menüleiste finden sich die gängigen Editier- und Formatierungswerkzeuge (Abb. 1).
Über die Weitergabe der URL kann die Tabelle mit anderen geteilt werden. Dabei haben alle, die die Webadresse kennen, Zugriff auf die Tabelle und können diese bearbeiten. Die URL kann auch vereinfacht und z. B. mit dem Projektnamen versehen werden. Hierzu muss lediglich die willkürlich erstellte Buchstaben-Ziffern-Kombination hinter der Domain durch die Wunschbezeichnung ersetzt werden (Abb. 2).
Achtung: Die Tabellen sind öffentlich, d. h. es sollten keine sensiblen und personenbezogenen Daten eingetragen werden, sondern lediglich Informationen bzw. Daten, die sich auf den Unterrichtsgegenstand beziehen. Auch können Informationen bzw. Daten von Dritten gelöscht und geändert werden.

Unterrichtsszenario

EtherCalc ist ein Tabellenkalkulationstool, das im Grunde in jedem Fach auf vielfältige Weise genutzt werden kann. So kann EtherCalc z. B. im naturwissenschaftlichen Unterricht eingesetzt werden, um (physikalische) Messdaten „von unterwegs" direkt in eine Tabelle einzutragen, die dann später weiter bearbeitet werden können. Im Politikunterricht können eigene Statistiken erstellt werden, im Deutschunterricht kann eine Übersicht zu Figuren eines Romans angelegt werden, die kollaborativ im Prozess der Lektüre entsteht.

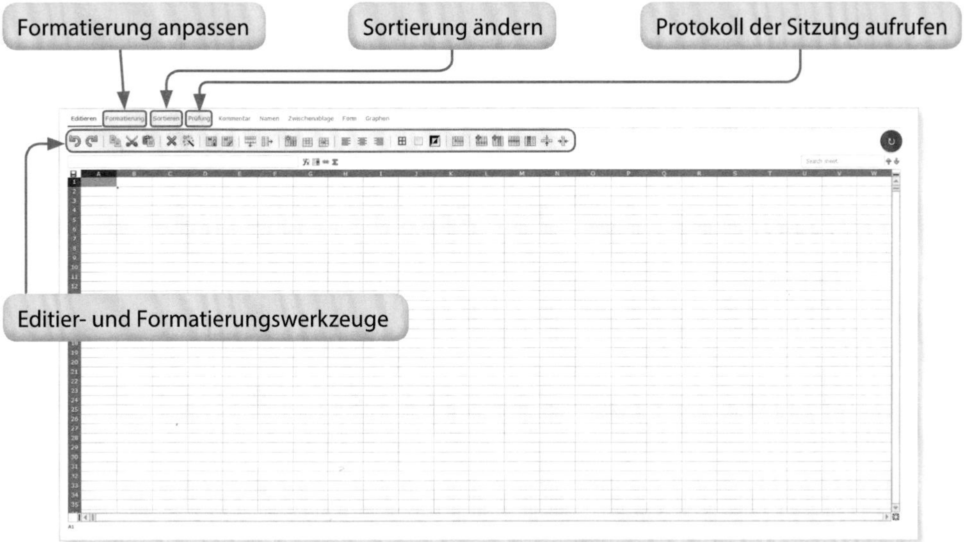

Abb. 1

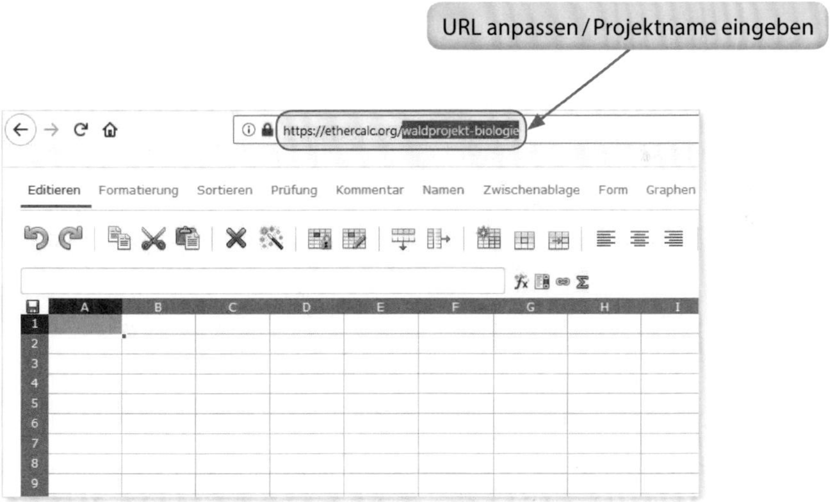

Abb. 2

Screenshots von https://ethercalc.org [23.02.2020]
Audrey Tang

https://www.easel.ly

Computer, Tablet, ggf. Beamer oder interaktives Whiteboard

keine Registrierung erforderlich

Beschreibung

Mit Easelly lassen sich intuitiv und schnell Infografiken erstellen, d. h. visuelle Darstellungen einer Idee, eines Konzepts oder eines Zusammenhangs. Man kann hier auf eine Vielzahl vorhandener Vorlagen (templates) zurückgreifen oder mithilfe eines Editors eine eigene Leinwand (canvas) erstellen.
Am einfachsten ist es, wenn man auf eine der auf der Startseite etwas weiter unten dargestellten Infografiken zurückgreift und diese modifiziert. Die Vorlage kann per Klick ausgewählt werden. Ist die Vorlage geladen, befindet man sich bereits im Bearbeitungsmodus. Nun können sämtliche Elemente (wie Bilder, Icons oder Formen) auf der Leinwand verschoben (linke Maustaste gedrückt halten) und skaliert (anklicken und dann über die Ränder verändern) oder Texte eingefügt oder gelöscht werden (Doppelklick auf ein Textfeld). Über die schwarze Leiste am oberen Bildschirmrand kann man weitere Elemente, wie z. B. Objekte, Hintergründe, Textfelder, Diagramme oder Piktogramme, auswählen und per Drag-and-drop in die Infografik einfügen. Darüber hinaus können auch eigene Medien oder YouTube-Videos eingebunden werden (unter „Medien“) (Abb. 1). Ist die eigene Infografik fertig, kann man sich diese als JPEG-Datei in niedriger Qualität herunterladen (über „Herunterladen“ in der weißen Menüleiste am oberen Bildschirmrand) (Abb. 2). Um weiterführende Funktionen, wie beispielsweise das Abspeichern (unter „File“) oder das Teilen mit anderen (unter „Teilen“), nutzen zu können, muss man sich jedoch registrieren.

Unterrichtsszenario

Da man mit Easelly sehr gut Zusammenhänge visualisieren kann, eignet sich dieses Tool besonders für den naturwissenschaftlichen Unterricht. So können auf einfache Weise chemische, physikalische oder biologische Prozesse dargestellt werden (z. B. Photosynthese). Im Politikunterricht lassen sich z. B. politische Systeme visualisieren. Auch Vergleiche bzw. Gegenüberstellungen sind mit Easelly einfach darzustellen, z. B. der Vergleich zweier Weltreligionen im Religionsunterricht.

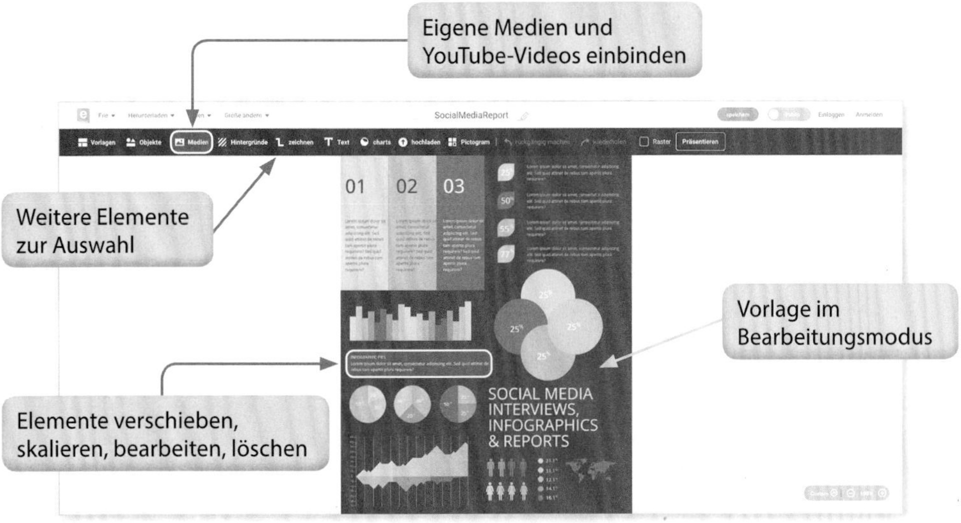

Abb. 1

Abb. 2

Screenshots von https://www.easel.ly [27.02.2020]
Cuana LLC d/b/a Easelly

Texter

http://tholman.com/texter

Computer, Tablet, Smartphone, ggf. Beamer oder interaktives Whiteboard

keine Registrierung erforderlich

Beschreibung

Mit diesem Tool kann man mit Wörtern zeichnen.
Hierzu gibt man in dem schwarzen Kasten am oberen rechten Bildschirmrand in das Feld „Text" den gewünschten Text ein. Anschließend kann man noch unterschiedliche Gestaltungselemente wie Schriftgröße („Minimum Size", „Maximum Size"), Neigungswinkel der Buchstaben („Random Angle"), Schrift- und Hintergrundfarbe („Text Color", „Background Color") definieren (Abb. 1). Zum Zeichnen des Textes führt man die Maus mit gedrückt gehaltener linker Maustaste über die freie Arbeitsfläche. Der Text wird den Bewegungen der Maus entsprechend als Linie dargestellt. Mit dieser Linie kann nun gezeichnet werden (Abb. 2).

Unterrichtsszenario

Wortbilder können in verschiedenen Unterrichtskontexten genutzt werden. So können sie als Einstieg in eine Gedichtanalyse dienen, indem der Inhalt des Gedichts bereits mithilfe des Textes visualisiert wird. Auch können die Schüler*innen mithilfe des Tools ihre selbstgeschriebenen Gedichte in ein geschriebenes Bild umwandeln und so visuelle Poesie gestalten.

Abb. 1

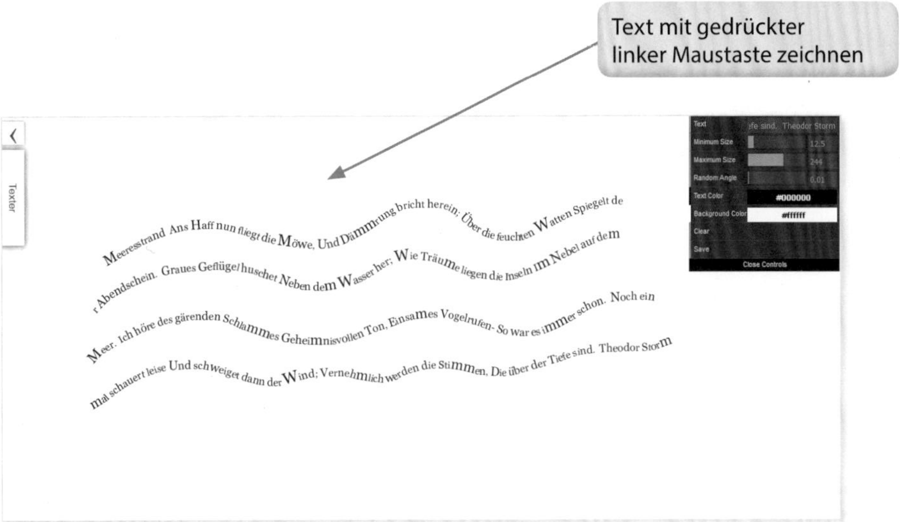

Abb. 2

Screenshots von http://tholman.com/texter [26.02.2016]
Tim Holman

https://www.wortwolken.com/

Computer, Tablet, Smartphone, ggf. Beamer oder interaktives Whiteboard

keine Registrierung erforderlich

Beschreibung

Mit diesem Tool kann man digitale Texte in Wortwolken verwandeln. Dabei gilt: Je häufiger ein Wort im Text vorkommt, desto größer wird es in der Wortwolke dargestellt. Um eine Wortwolke zu erstellen, klickt man in der Menüleiste über dem Beispiel auf „Datei". Anschließend kann man auswählen, ob man den Text selbst eingeben bzw. aus einem Dokument oder von einer Webseite kopieren möchte („Text bearbeiten / herein kopieren"), ob man eine URL eingeben und so den Text einer Webseite importieren möchte („Öffne Link") oder ob man den Text einer existierenden Datei („Öffne Text-Datei", „Öffne MS Office-Datei", „Öffne PDF-Datei") importieren möchte (Abb. 1). Klickt man beispielsweise auf „Text bearbeiten / herein kopieren", öffnet sich ein Fenster, in das man den Text tippen bzw. einen kopierten Text einfügen kann. Mit Klick auf „Anwenden" (bzw. „Akzeptieren" oder „Öffnen") wird die Wortwolke erstellt (Abb. 2). In der Menüleiste über der Wortwolke finden sich zahlreiche Möglichkeiten, das Layout der Wortwolke zu verändern. So kann z. B. die Ausrichtung der Wörter geändert (mit Klick auf den kreisförmigen Pfeil), ein Umriss (Button „Umriss") oder die Schriftart (Button „Schriftart") ausgewählt werden, mit Klick auf „Farben" können die Farben angepasst werden. Über den Schieberegler lässt sich die Größe der Wortwolke verändern. Über den Button „Wortliste" kann die der Wortwolke zugrunde liegende Wortliste eingesehen und bearbeitet werden. Hat man das Layout wie gewünscht angepasst, kann die Wortwolke entweder als Bild gespeichert („Speichern als Bild"), online geteilt („Online speichern / teilen") oder ausgedruckt werden („Drucken") (Abb. 1).

Unterrichtsszenario

Wortwolken ist vor allem für die sprachlichen Fächer, für den Geschichts- und Politikunterricht ein nützliches Tool. So können damit z. B. die Wahlprogramme der Parteien vor einer Wahl analysiert werden. Die Schlagworte, die einer Partei besonders wichtig sind, kommen im Wahlprogramm oft vor und erscheinen somit in der Wortwolke größer. In einem zweiten Schritt können die Wahlprogramm-Wortwolken mehrerer Parteien verglichen, die Kernbegriffe festgehalten und die dahinterliegenden politischen Ideen herausgearbeitet werden.

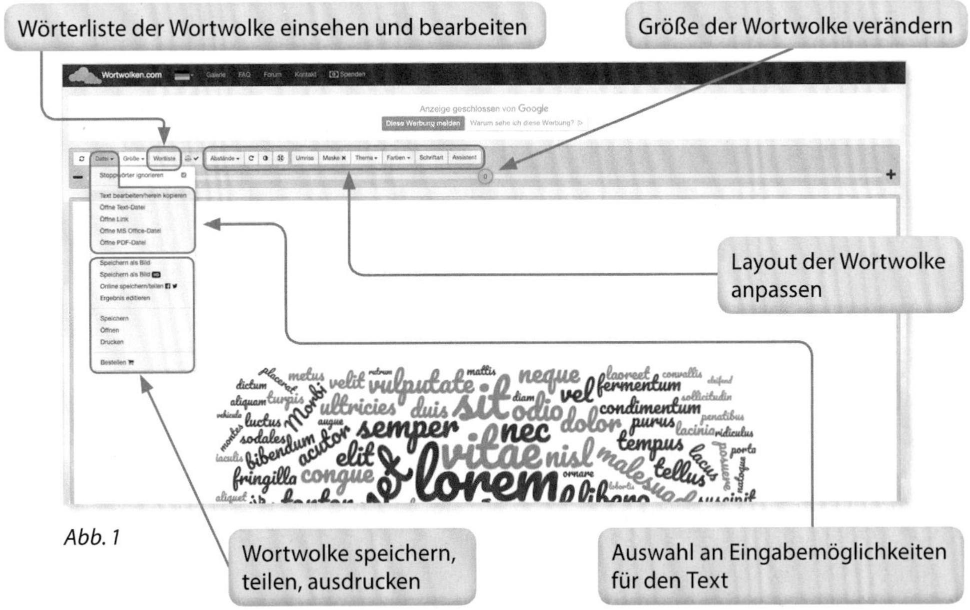
Wörterliste der Wortwolke einsehen und bearbeiten
Größe der Wortwolke verändern
Layout der Wortwolke anpassen
Wortwolke speichern, teilen, ausdrucken
Auswahl an Eingabemöglichkeiten für den Text

Abb. 1

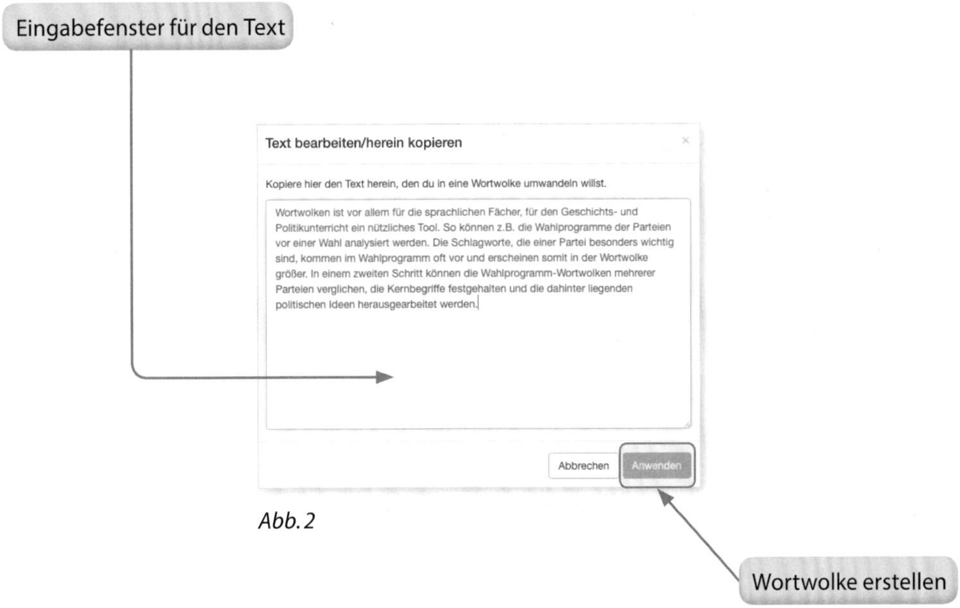
Eingabefenster für den Text
Text bearbeiten/herein kopieren
Kopiere hier den Text herein, den du in eine Wortwolke umwandeln willst.
Wortwolken ist vor allem für die sprachlichen Fächer, für den Geschichts- und Politikunterricht ein nützliches Tool. So können z.B. die Wahlprogramme der Parteien vor einer Wahl analysiert werden. Die Schlagworte, die einer Partei besonders wichtig sind, kommen im Wahlprogramm oft vor und erscheinen somit in der Wortwolke größer. In einem zweiten Schritt können die Wahlprogramm-Wortwolken mehrerer Parteien verglichen, die Kernbegriffe festgehalten und die dahinter liegenden politischen Ideen herausgearbeitet werden.
Abbrechen
Anwenden
Wortwolke erstellen

Abb. 2

Screenshots von https://www.wortwolken.com/ [27.02.2020]
© Zygomatic

https://www.minibooks.ch/

Computer, Tablet

keine Registrierung erforderlich

Beschreibung

Mit Minibooks kann man auf einfache Weise Online-Bücher erstellen. Der Seitenumfang ist dabei auf acht Seiten begrenzt. Die Bücher können entweder ausgedruckt und gefaltet oder online gespeichert und veröffentlicht werden.
Zur Erstellung eines Minibooks klickt man auf der Startseite auf „minibooks schreiben“, anschließend wählt man das gewünschte Format („minibooks A4“ oder „minibooks A3“) aus. Der nun angezeigte Editor ist im Grunde wie ein gewöhnliches Textverarbeitungsprogramm aufgebaut. In das Textfeld kann man einen eigenen Text tippen oder einen vorhandenen Text kopieren, mithilfe der oberen Menüleiste können Bilder und Tabellen eingefügt werden und das Layout kann angepasst werden. Ist das Buch fertiggestellt, kann man sich eine Druckvorschau ansehen („minibook Vorschau“). Entspricht die Umsetzung den Vorstellungen, kann das Minibook als PDF gespeichert („minibook als PDF“) und anschließend ausgedruckt werden. Möchte man das Minibook speichern („minibook speichern“), um es jederzeit wieder aufrufen zu können („minibook laden“), muss man sich registrieren (Abb. 1). Möchte man, dass das Minibook im Bereich „minibooks lesen“ öffentlich ist und somit von allen Nutzer*innen gelesen werden kann, muss beim Speichern die Einstellung „public“ ausgewählt werden (Abb. 2).
Tipp: Auf minibooks.ch findet sich auch eine entsprechende Faltanleitung für das ausgedruckte Minibook.

Unterrichtsszenario

Das Tool lässt sich im Grunde in jedem Fach sinnvoll einsetzen. So können im Deutschunterricht von den Schüler*innen verfasste Kurzgeschichten, Fabeln oder Märchen in Buchform gebracht und ggf. veröffentlicht werden. Oder aber die Schüler*innen erstellen ihr eigenes kleines Merkheft zu Rechtschreib- und Grammatikphänomenen. In den naturwissenschaftlichen Fächern kann eine kleine Experimente-Sammlung angelegt werden, in der spannende Versuche festgehalten werden.

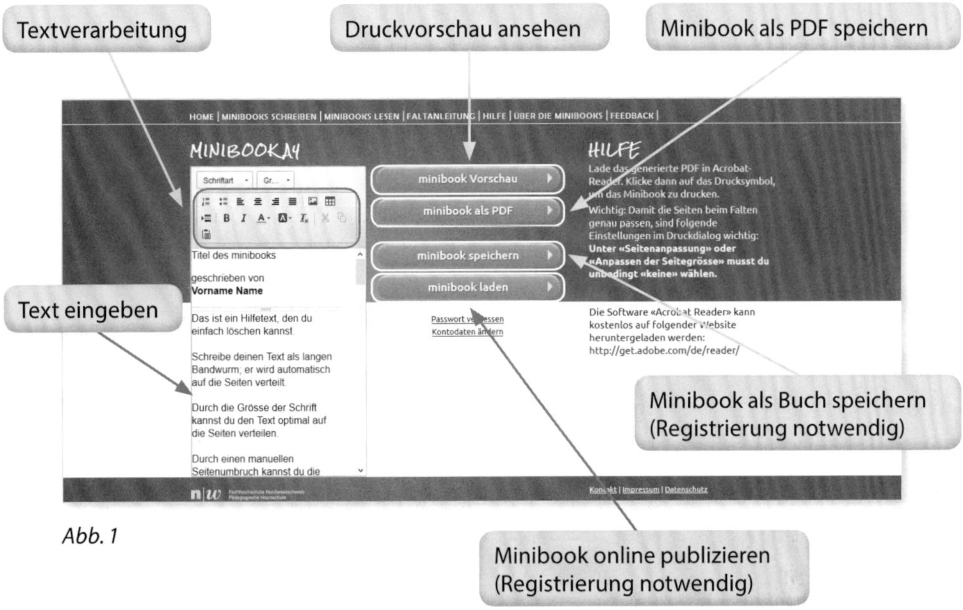
Textverarbeitung
Druckvorschau ansehen
Minibook als PDF speichern
HOME | MINIBOOKS SCHREIBEN | MINIBOOKS LESEN | FALTANLEITUNG | HILFE | ÜBER DIE MINIBOOKS | FEEDBACK |
MINIBOOKA4
minibook Vorschau
minibook als PDF
minibook speichern
minibook laden
HILFE
Lade das generierte PDF in Acrobat-Reader. Klicke dann auf das Drucksymbol, um das Minibook zu drucken.
Wichtig: Damit die Seiten beim Falten genau passen, sind folgende Einstellungen im Druckdialog wichtig:
Unter «Seitenanpassung» oder «Anpassen der Seitegrösse» musst du unbedingt «keine» wählen.
Titel des minibooks
geschrieben von
Vorname Name
Das ist ein Hilfetext, den du einfach löschen kannst.
Schreibe deinen Text als langen Bandwurm; er wird automatisch auf die Seiten verteilt.
Durch die Grösse der Schrift kannst du den Text optimal auf die Seiten verteilen.
Durch einen manuellen Seitenumbruch kannst du die
Text eingeben
Die Software «Acrobat Reader» kann kostenlos auf folgender Website heruntergeladen werden: http://get.adobe.com/de/reader/
Minibook als Buch speichern (Registrierung notwendig)
Kontakt | Impressum | Datenschutz
Minibook online publizieren (Registrierung notwendig)

Abb. 1

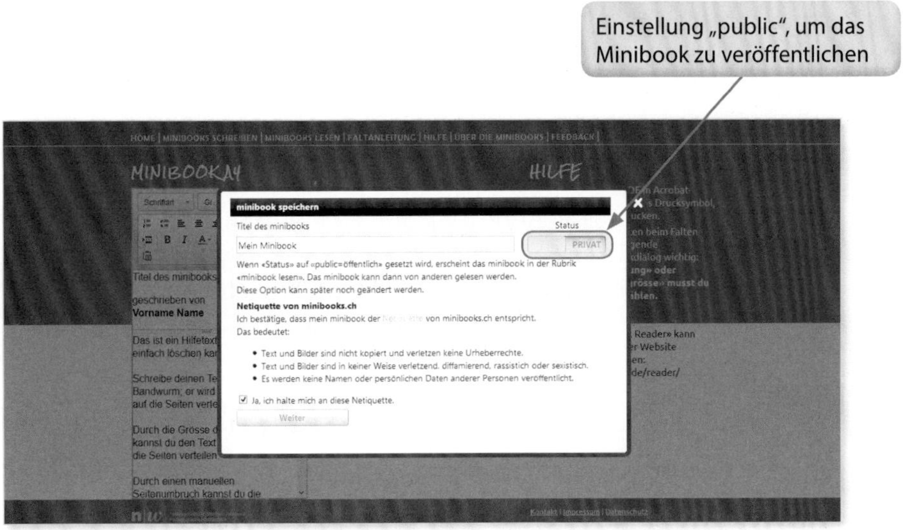
Einstellung „public", um das Minibook zu veröffentlichen
minibook speichern
Titel des minibooks
Status
Mein Minibook
PRIVAT
Wenn «Status» auf «public=öffentlich» gesetzt wird, erscheint das minibook in der Rubrik «minibook lesen». Das minibook kann dann von anderen gelesen werden.
Diese Option kann später noch geändert werden.
Netiquette von minibooks.ch
Das bedeutet:
Text und Bilder sind nicht kopiert und verletzen keine Urheberrechte.
Text und Bilder sind in keiner Weise verletzend, diffamierend, rassistisch oder sexistisch.
Es werden keine Namen oder persönlichen Daten anderer Personen veröffentlicht.
Ja, ich halte mich an diese Netiquette.
Weiter

Abb. 2

Screenshots von https://www.minibooks.ch/ [07.02.2016]
Pädagogische Hochschule FHNW

https://www.bitpaper.io/

Computer, Tablet

Registrierung erforderlich

Beschreibung

Mit Bitpaper kann man kollaborativ an einem virtuellen Whiteboard arbeiten und sogenannte „Papers" erstellen.
Um das Tool nutzen zu können, muss man sich zunächst registrieren. Ist man eingeloggt, klickt man auf der Startseite auf „Create Paper". Es öffnet sich ein Fenster, in das der Name des Projekts eingetragen werden kann. Mit erneutem Klick auf „Create Paper" wird das leere Whiteboard geladen (Abb. 1). In der Menüleiste am unteren Bildschirmrand finden sich unterschiedliche Werkzeuge zur Gestaltung des Papers. Mit Klick auf den Stift (zweiter Button von links) kann beispielsweise auf der freien Fläche gezeichnet werden (mit gedrückt gehaltener linker Maustaste), die Stiftfarbe und -dicke lässt sich über die Farbpalette (erster Button von links) bestimmen, mithilfe des Radiergummis (dritter Button von links) können Elemente wieder gelöscht werden. Darüber hinaus kann man Formen auswählen (zweiter Button von rechts), Textfelder einfügen (erster Button von rechts) und Elemente verschieben (Buttons in der Mitte). Auf dem Computer gespeicherte Bilder lassen sich mit Klick auf den obersten Button unten links einfügen. Mit Klick auf den zweiten Button von oben kann der Hintergrund angepasst werden. Über den kleinen Pfeil oben rechts können weitere Seiten hinzugefügt werden (Abb. 2). Klickt man auf das Personen-Icon unten links (zweiter Button von unten), wird die URL des Papers angezeigt, die dann weitergegeben werden kann, um so Personen zur Mitarbeit an dem Paper einzuladen. Mit Klick auf den untersten Button öffnet sich eine Menüleiste, über die weitere Funktionen zur Verfügung stehen. So kann z. B. das Paper gespeichert („Save Paper") oder ein PDF des Papers erzeugt werden, das dann ausgedruckt werden kann („Create PDF") (Abb. 2).
In der Gratis-Version kann jeden Monat ein Paper erstellt werden.

Unterrichtsszenario

Die Arbeit mit Bitpaper bietet sich vor allem dann an, wenn gemeinsam orts- und zeitunabhängig eine erste Skizze zu einem Thema oder einer Aufgabenstellung erstellt werden soll. So kann z. B. im Politikunterricht gemeinsam ein erstes Modell der Gewaltenteilung erarbeitet und visuell dargestellt werden.

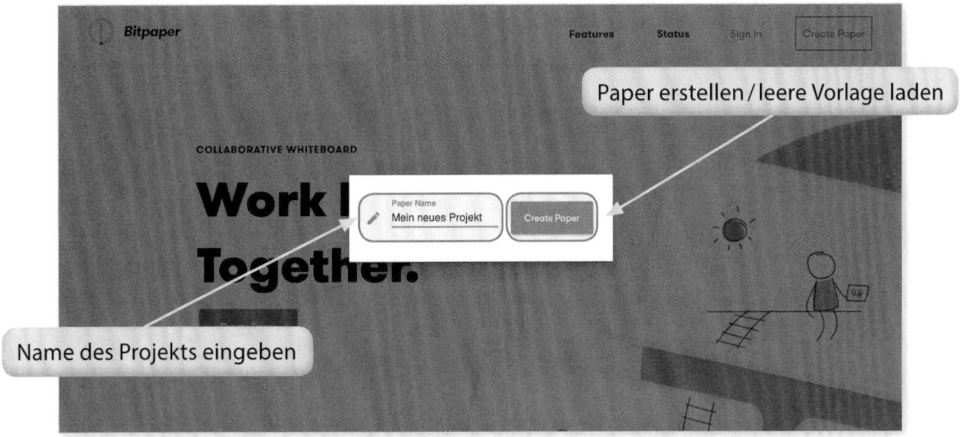

Abb. 1

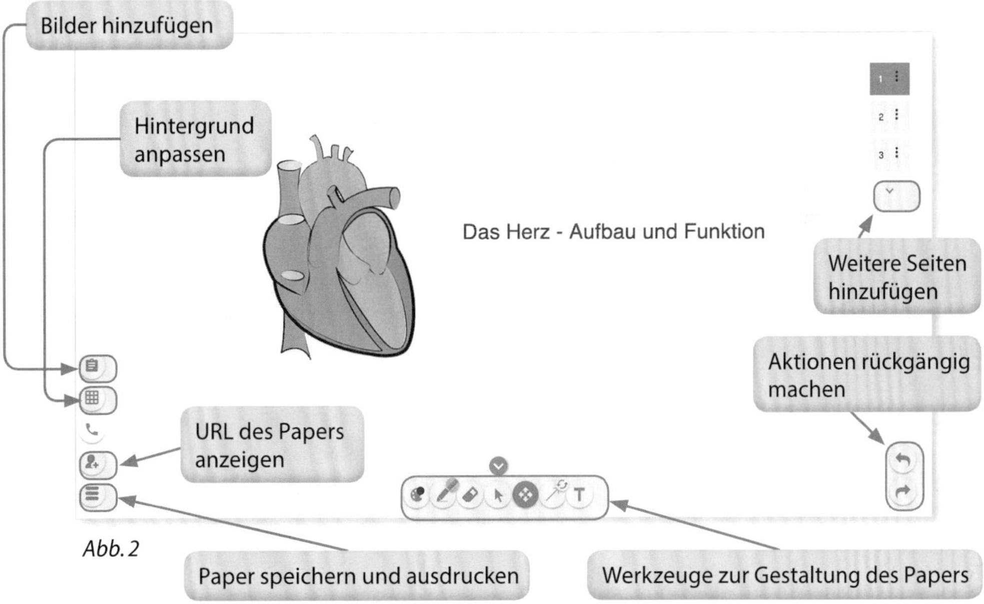

Abb. 2

Screenshots von https://www.bitpaper.io/ [28.02.2020]
BitPaper Ltd.

https://zumpad.zum.de/

Computer, Tablet, Smartphone, ggf. Beamer oder interaktives Whiteboard

keine Registrierung erforderlich

Beschreibung

ZUMpad ist ein Tool für das gemeinsame Arbeiten an Texten.
Auf der Startseite kann man zunächst wählen, ob man das Pad direkt, ohne besonderen Namen anlegen möchte („Neues Pad") oder ob man dem Pad einen Namen geben möchte (Name in das Textfeld eingeben, auf „OK" klicken) (Abb. 1). Bei dem nun angelegten Pad handelt es sich um ein öffentliches Dokument, d. h. alle, die die URL kennen, können an diesem Dokument mitarbeiten. Möchte man nur einen Lese-Zugriff gewähren, kann dies mit Klick auf den zweiten Button von rechts in der Menüleiste am oberen Bildschirmrand entsprechend eingestellt werden. Über diesen Button lässt sich dann auch das Pad teilen bzw. der Link kopieren. Bevor man mit der Arbeit am Pad beginnt, sollte man zunächst seinen Namen eingeben (bei Schüler*innen ggf. mit Pseudonymen arbeiten). Das Eingabefeld kann mit Klick auf den ersten Button von rechts in der Menüleiste geöffnet werden (Abb. 2). Schreibt man nun einen Text im eigentlichen Editor, wird dieser in der dem*der Autor*in zugewiesenen Farbe, die durch einen Klick auf das Farbfeld auch geändert werden kann, markiert. Mit Klick auf das Zahnrad (dritter Button von rechts) können weitere Pad-Einstellungen vorgenommen werden (z. B. Farbe oder Zeilennummern anzeigen). Darüber hinaus lässt sich über diesen Button auch das Chatfenster einblenden. Der Chat kann neben der Arbeit im Texteditor genutzt werden, um sich mit den am Pad Mitarbeitenden auszutauschen. Der eigentliche Texteditor gleicht im Grunde einem einfachen Textverarbeitungsprogramm. Die Werkzeuge zur Textverarbeitung finden sich in der Menüleiste oben links. Möchte man ein Textdokument importieren bzw. den im Texteditor verfassten Text exportieren, klickt man auf den Button mit den beiden Pfeilen (fünfter Button von rechts) (Abb. 2). Eine Besonderheit ist der „Time Slider" (vierter Button von rechts). Hiermit kann man zu jedem beliebigen Zeitpunkt zu einer früheren Version des Pads zurückspringen oder aber den Arbeitsprozess als „Film" abspielen lassen.

Unterrichtsszenario

Mit ZUMpad können mehrere Schüler*innen gleichzeitig an einem Dokument arbeiten. So können sie z. B. im Fach Deutsch gemeinsam (orts- und zeitunabhängig) einen literarischen Text analysieren und sich parallel über das Werk austauschen und Gedankengänge teilen.

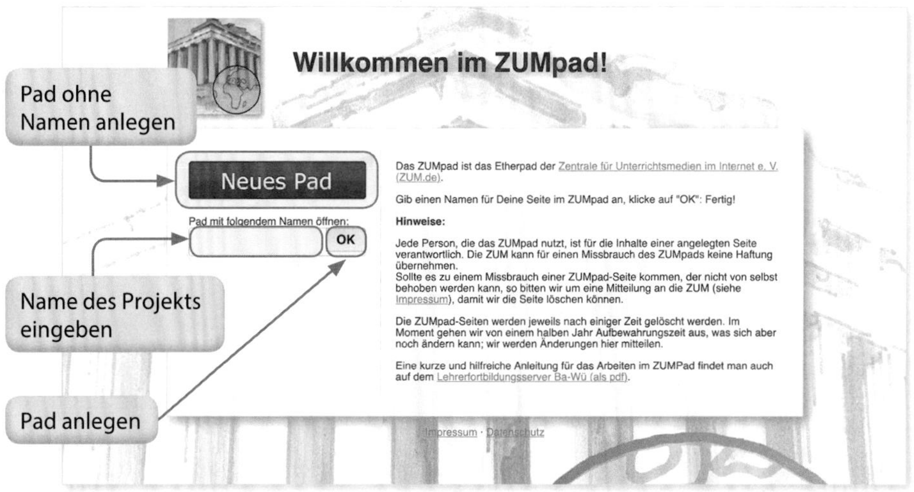
Willkommen im ZUMpad!
Pad ohne Namen anlegen
Neues Pad
Pad mit folgendem Namen öffnen:
OK
Name des Projekts eingeben
Pad anlegen
Das ZUMpad ist das Etherpad der Zentrale für Unterrichtsmedien im Internet e. V. (ZUM.de).
Gib einen Namen für Deine Seite im ZUMpad an, klicke auf "OK": Fertig!
Hinweise:
Jede Person, die das ZUMpad nutzt, ist für die Inhalte einer angelegten Seite verantwortlich. Die ZUM kann für einen Missbrauch des ZUMpads keine Haftung übernehmen.
Sollte es zu einem Missbrauch einer ZUMpad-Seite kommen, der nicht von selbst behoben werden kann, so bitten wir um eine Mitteilung an die ZUM (siehe Impressum), damit wir die Seite löschen können.
Die ZUMpad-Seiten werden jeweils nach einiger Zeit gelöscht werden. Im Moment gehen wir von einem halben Jahr Aufbewahrungszeit aus, was sich aber noch ändern kann; wir werden Änderungen hier mitteilen.
Eine kurze und hilfreiche Anleitung für das Arbeiten im ZUMPad findet man auch auf dem Lehrerfortbildungsserver Ba-Wü (als pdf).
Impressum · Datenschutz

Abb. 1

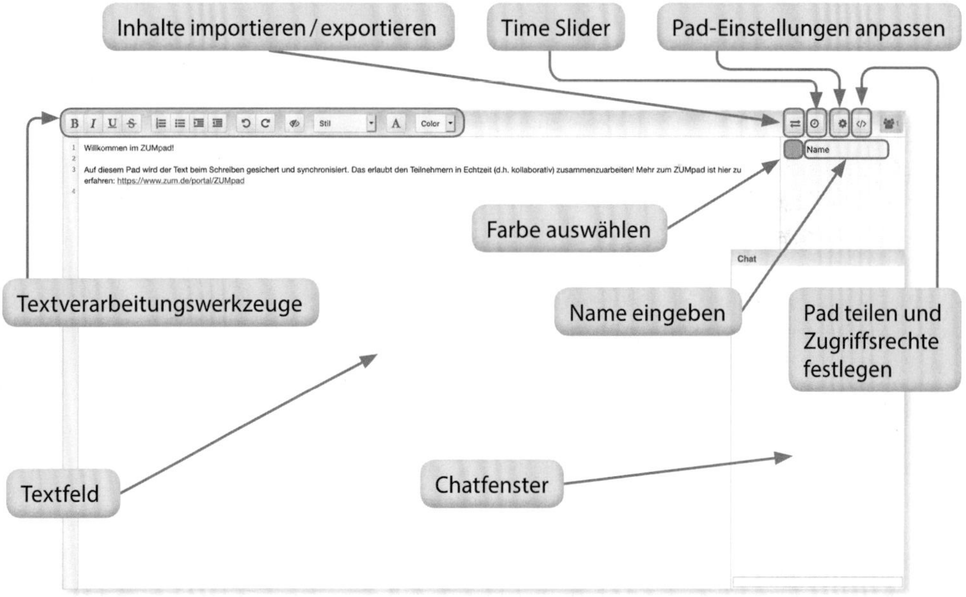
Inhalte importieren / exportieren
Time Slider
Pad-Einstellungen anpassen
Willkommen im ZUMpad!
Auf diesem Pad wird der Text beim Schreiben gesichert und synchronisiert. Das erlaubt den Teilnehmern in Echtzeit (d.h. kollaborativ) zusammenzuarbeiten! Mehr zum ZUMpad ist hier zu erfahren: https://www.zum.de/portal/ZUMpad
Name
Farbe auswählen
Chat
Textverarbeitungswerkzeuge
Name eingeben
Pad teilen und Zugriffsrechte festlegen
Textfeld
Chatfenster

Abb. 2

Screenshots von https://zumpad.zum.de/ [28.02.2020]
Zentrale für Unterrichtsmedien im Internet e. V.

https://telegra.ph/

Computer, Tablet, Smartphone

keine Registrierung erforderlich

Beschreibung

Bei Telegraph handelt es sich um ein Blogging-Tool, mit dem sich schnell und nahezu intuitiv Inhalte – von Texten über Bilder bis hin zu Videos – ohne Anmeldung und somit auch, wenn gewünscht, anonym veröffentlichen lassen.
Nach dem Öffnen der Webseite kann direkt mit der Eingabe gestartet werden. Bei „Title" wird der Titel des Blogs eingetragen, unter „Your name" kann der Name des*der Autors*Autorin oder aber ein Pseudonym eingetragen werden. Beginnt man dann in der nächsten Zeile („Your story") mit dem Schreiben, erscheinen zwei Symbole. Klickt man auf die beiden kleinen Pfeile, können externe Webinhalte eingefügt werden, z. B. ein YouTube-Link. Mit Drücken der „Enter"-Taste wird das Video als direkt im Blog abspielbares bzw. eingebettetes Element angezeigt. Mit Klick auf das Kamera-Symbol kann ein auf dem Computer gespeichertes Bild eingefügt werden (Urheber- und Persönlichkeitsrechte beachten!). Direkt unter den eingebundenen Elementen kann man jeweils eine Bildunterschrift ergänzen. Sind alle Inhalte wie gewünscht eingefügt, kann der Blog mit Klick auf den Button „Publish" oben rechts veröffentlicht werden (Abb. 1). Der Blog erhält nun einen eigenen Link, der mit anderen geteilt werden kann. Hierzu kopiert man die URL einfach aus der Browserleiste. Möchte man seine Inhalte zu einem späteren Zeitpunkt anpassen bzw. möchte man den Blog erweitern, klickt man beim Öffnen der Seite auf „Edit" oben rechts (Abb. 2).
Hinweis: Da bei Telegraph keine Anmeldung erforderlich ist, funktioniert ein späteres Editieren nur vom selben Browser aus. Greift man von einem anderen Gerät bzw. einem anderen Browser auf die URL zu, wird die Webseite zwar angezeigt, die Inhalte können jedoch nicht verändert werden. Werden Cookies in den Browsern der schulischen Geräte automatisch gelöscht, kann die Webseite nach einem Neustart des Browsers auch vom selben Rechner aus nicht mehr bearbeitet werden.

Unterrichtsszenario

Mit Telegraph lassen sich schnell und unkompliziert Texte, Bilder und Webinhalte zusammenstellen. Telegraph ist somit ein Tool, das vielfältig eingesetzt werden kann. So kann die Lehrkraft beispielsweise eine Material- / Linksammlung für die Schüler*innen anlegen. Die Schüler*innen können mit dem Tool Projektergebnisse dokumentieren oder ihre Portfolio-Arbeit begleiten.

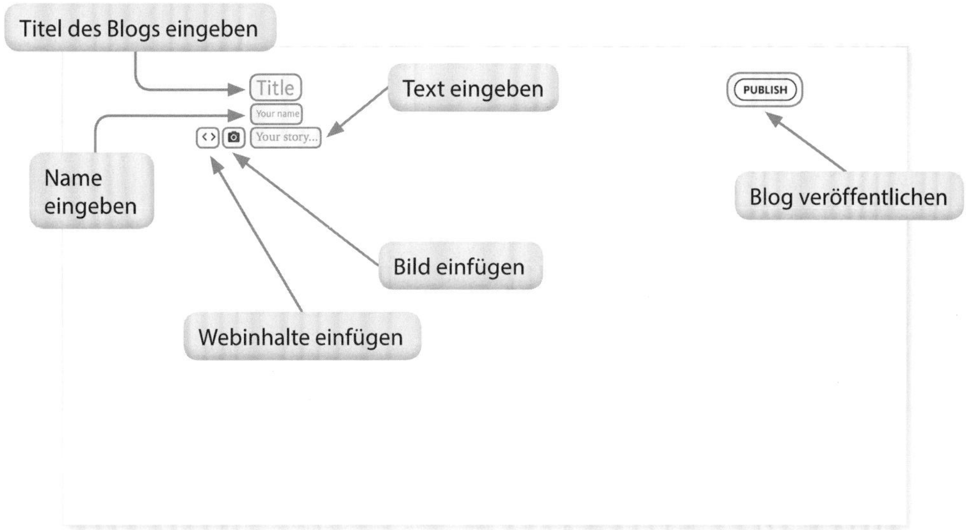

Abb. 1

Abb. 2

Screenshots von https://telegra.ph/ [28.02.2020]
Telegram FZ-LLC

https://www.powtoon.com/

Computer, (Tablet), ggf. Beamer oder interaktives Whiteboard

Registrierung erforderlich

Beschreibung

Powtoon ist ein recht komplexes Storytelling-Tool. Dies bedeutet, dass ein Inhalt als Geschichte erzählt wird, in diesem Fall meist als eine Art Cartoon. Es kann entweder eine Präsentation oder ein Animationsfilm erstellt werden.
Um Powtoon nutzen zu können, muss man sich registrieren (mit Klick auf „Sign up free" oben rechts). Ist man eingeloggt, befindet man sich zunächst im „Workspace". Hier stehen Vorlagen für unterschiedliche Video- und Präsentationstypen zur Auswahl (z. B. „Explainer Video" oder „Presentation"). Mit Klick auf „Preview" wird ein Beispiel präsentiert, mit Klick auf „Use" kann die Formatvorlage geöffnet werden (Abb. 1). Ist die Vorlage geladen, findet man am linken Bildschirmrand die Folienstruktur. Über das Plus-Zeichen unten links können weitere Folien eingefügt werden. In der Bildschirmmitte wird die jeweils ausgewählte Folie angezeigt. Man kann zwischen dem „Edit"- und dem „Create"-Modus wählen (in der Menüleiste am oberen Bildschirmrand neben dem Powtoon-Logo). Im „Edit"-Modus kann die Formatvorlage lediglich geringfügig angepasst werden. Wählt man den „Create"-Modus, findet man in der Spalte am rechten Bildschirmrand weitere Gestaltungselemente, die per Drag-and-drop auf die Folie gezogen werden können. Möchte man ein Element auf der Folie bearbeiten, wählt man dieses per Klick aus. Oberhalb des Elements erscheinen mehrere Buttons mit unterschiedlichen Funktionen zur Gestaltung des ausgewählten Elements (Abb. 2). Alle eingefügten Elemente werden unterhalb der Folie in der Zeitleiste angezeigt. Klickt man auf den Play-Button direkt über der Zeitleiste wird die Präsentation im Bearbeitungsmodus abgespielt. Mit Klick auf „Preview & Export" (oben rechts) kann die fertige Präsentation schließlich im Vollbildmodus abgespielt werden.
Hinweis: In der Gratis-Version ist die Zeit pro Video auf drei Minuten begrenzt. Zudem kann das fertige Video nicht als Datei exportiert, sondern lediglich auf Powtoon oder in den sozialen Medien für jeden frei verfügbar veröffentlicht werden.

Unterrichtsszenario

Powtoon eignet sich besonders zur Erstellung von Erklärvideos. So kann die Lehrkraft die Videos unterrichtsvorbereitend erstellen und zur Erklärung eines Unterrichtsgegenstands einsetzen. Die Schüler*innen können sich Unterrichtsinhalte erarbeiten und die Ergebnisse in Form eines Erklärvideos als eine Art der Ergebnissicherung festhalten.

Abb. 1

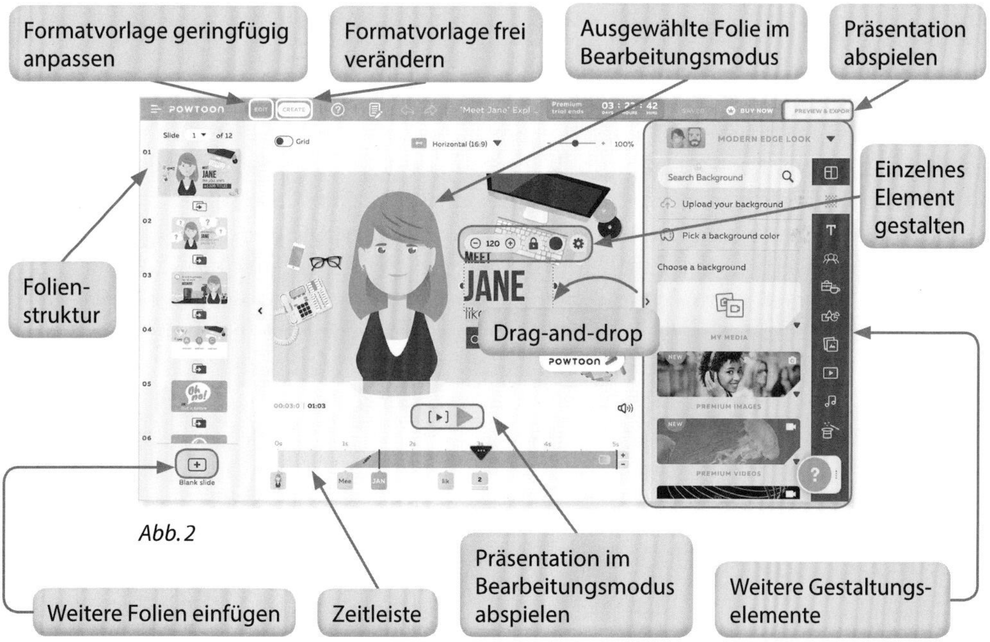

Abb. 2

Screenshots von https://www.powtoon.com/ [29.02.2020]
Powtoon Ltd.

https://prezi.com/

Computer, (Tablet), ggf. Beamer oder interaktives Whiteboard

Registrierung erforderlich

Beschreibung

Prezi ist ein beliebtes Online-Präsentationstool.
Um Prezi nutzen zu können, muss man sich zunächst auf der Seite registrieren (mit Klick auf „Loslegen“ oben rechts). Es können verschiedene Abo-Modelle gewählt werden, unter „Basic“ kann man ein kostenfreies Konto anlegen. Ist man eingeloggt, kann in der Spalte am linken Bildschirmrand ausgewählt werden, ob man ein Video oder eine Präsentation erstellen möchte. Klickt man auf „Präsentationen“, stehen unterschiedliche Möglichkeiten zur Auswahl, wie die Präsentation erstellt werden kann: „Mit einer Vorlage beginnen“, „Bei Null anfangen“ oder „PowerPoint umwandeln“ (Abb. 1). Für den Anfang empfiehlt sich das Editieren einer vorhandenen Vorlage. Mit Klick auf „Mit einer Vorlage beginnen“ werden unterschiedliche Vorlagen angezeigt. Hat man sich für eine Vorlage entschieden, klickt man auf „Diese Vorlage verwenden“ und legt den Titel der Präsentation fest. Ist die gewünschte Vorlage geladen, können die einzelnen Elemente bearbeitet werden. Klickt man ein Element an, erscheint direkt über der Folie eine Werkzeugleiste, in der unterschiedliche Funktionen und Gestaltungselemente zur Auswahl stehen. Mit Klick auf „Einfügen“ (in der Leiste am oberen Bildschirmrand) können weitere Elemente wie beispielsweise Textkästen, Formen, Bilder oder Videos in die Präsentation eingebunden werden (Abb. 2). In der Spalte auf der linken Seite sind die einzelnen „Folien“ bzw. Pfade dargestellt. Über „Pfadeinstellungen“ (unten links) lässt sich die Navigationsstruktur in der Präsentation verändern. Ist die Präsentation fertig, kann mit Klick auf „Präsentieren“ (in der Leiste am oberen Bildschirmrand) in den Präsentationsmodus gewechselt werden. Klickt man auf „Video erstellen“ (links neben „Präsentieren“) kann ein Video aufgenommen werden, in dem man direkt mit dem Inhalt der Präsentation interagiert (Abb. 2).
Hinweis: In der kostenfreien Variante („Basic“) sind alle erstellten Präsentationen öffentlich.

Unterrichtsszenario

Mit Prezi können Lehrkräfte und Schüler*innen professionelle Präsentationen erstellen, z. B. zum Einstieg in ein Thema, als Ergebnissicherung nach der Erarbeitung eines Themas oder zur multimedialen Unterstützung bei einem Referat.

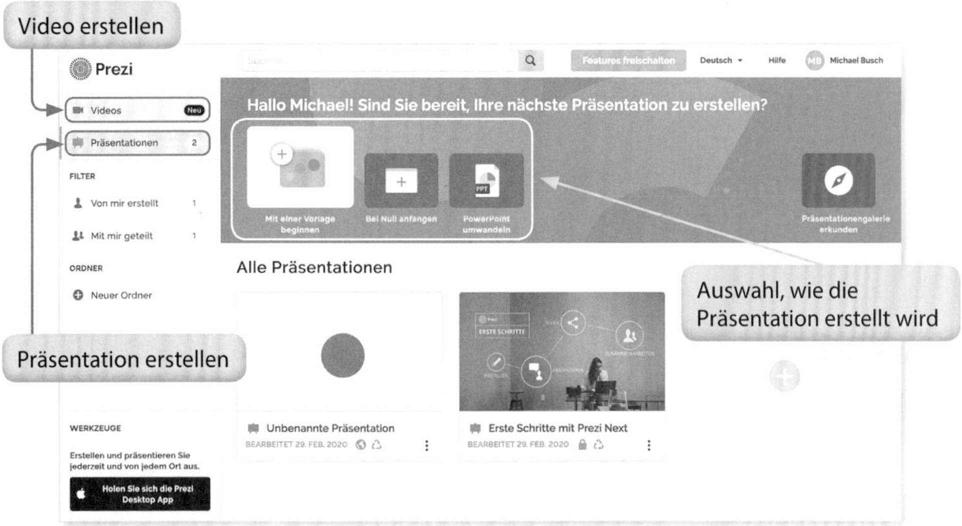

Abb. 1

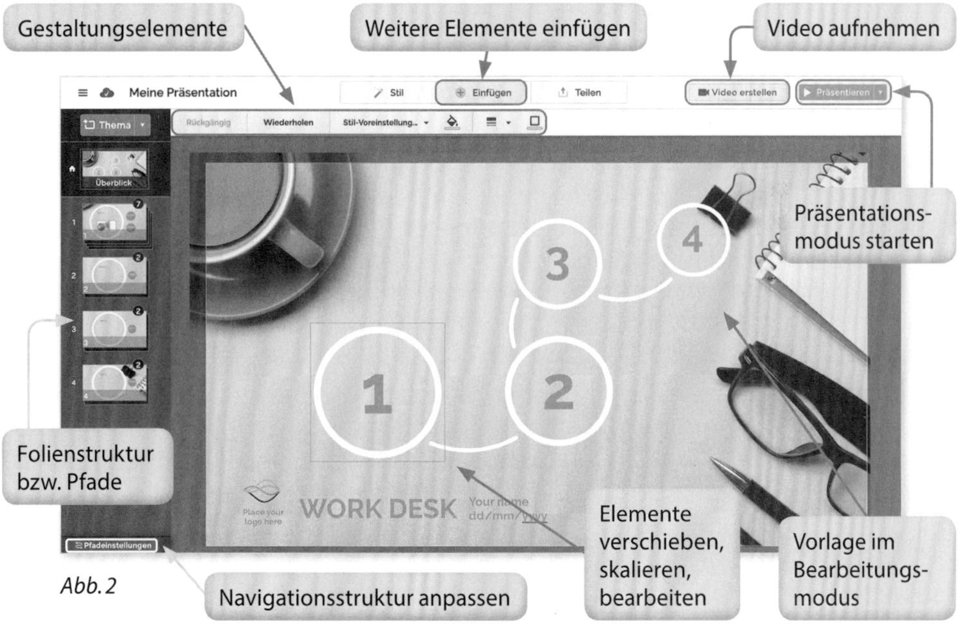

Abb. 2

Screenshots von https://prezi.com/ [29.02.2020]
Prezi Inc.

https://spark.adobe.com/de-DE/

Computer, Tablet, ggf. Beamer oder interaktives Whiteboard

Registrierung erforderlich

Beschreibung

Adobe Spark ist ein Tool, mit dem sich Inhalte als visuelle Geschichten multimedial und dynamisch aufbereiten lassen. Es können Social-Media-Grafiken, Webseiten oder Videos erstellt werden.
Um das Tool nutzen zu können, muss man sich zunächst registrieren (mit Klick auf „Jetzt loslegen" in der Menüleiste oben rechts). Nach der Abfrage, für welchen Zweck man Adobe Spark verwenden möchte, befindet man sich direkt im Dashboard. Klickt man auf den Button „Projekt erstellen" (oben links), kann man zwischen unterschiedlichen Formaten wählen, z. B. „Flyer", „Collage", „Web-Seite" oder „Video". Im Folgenden wird exemplarisch die Erstellung eines Flyers beschrieben, die Erstellung anderer Medienformate ist jedoch ähnlich intuitiv.
Mit Klick auf „Flyer" gelangt man direkt in den Editor. Mittig erscheint ein leerer Flyer, in der Spalte rechts daneben finden sich zahlreiche bereits gestaltete Flyer, die als Vorlage für die eigene Gestaltung per Klick ausgewählt werden können (Abb. 1). Ist die gewünschte Vorlage geladen, kann jedes einzelne Element des Flyers separat bearbeitet werden. Klickt man ein Element an, stehen in der Spalte rechts neben dem Flyer unterschiedliche Funktionen und Gestaltungselemente zur Bearbeitung des ausgewählten Elements zur Auswahl (Abb. 2). Über die am oberen Bildschirmrand mittig platzierten Buttons können Aktionen rückgängig gemacht oder wiederholt werden. Mit Klick auf „Herunterladen" (in der Menüleiste am oberen Bildschirmrand rechts) kann der fertig gestaltete Flyer als Bilddatei heruntergeladen werden. Mit Klick auf „Teilen" (rechts daneben) kann der Flyer in den sozialen Netzwerken veröffentlicht werden. Darüber hinaus kann ein Link zu dem Flyer generiert werden, der dann z. B. per E-Mail verschickt werden kann. Der Flyer ist über den Link öffentlich im Netz verfügbar. Klickt man auf das Personen-Icon (links neben „Herunterladen"), können weitere Personen zur Mitarbeit an dem Flyer eingeladen werden (Abb. 2). Die eingeladenen Personen benötigen allerdings auch ein Adobe-Konto.

Unterrichtsszenario

Mit Adobe Spark können auf sehr einfache Weise unterschiedlichste Lernprodukte gestaltet werden – von kreativen Merkzetteln über Social-Media-Profile für historische Berühmtheiten bis hin zum Protokoll eines Schulausflugs in Form einer Webseite.

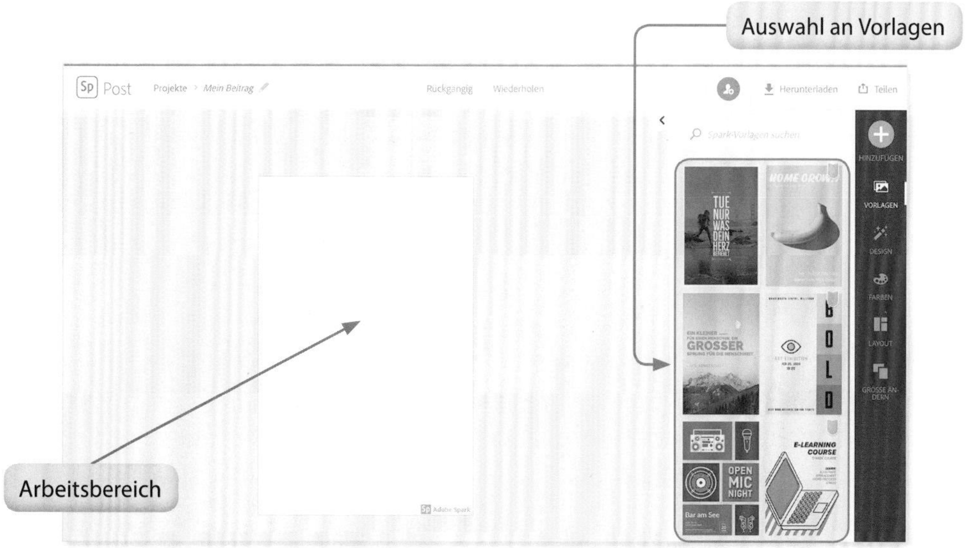

Abb. 1

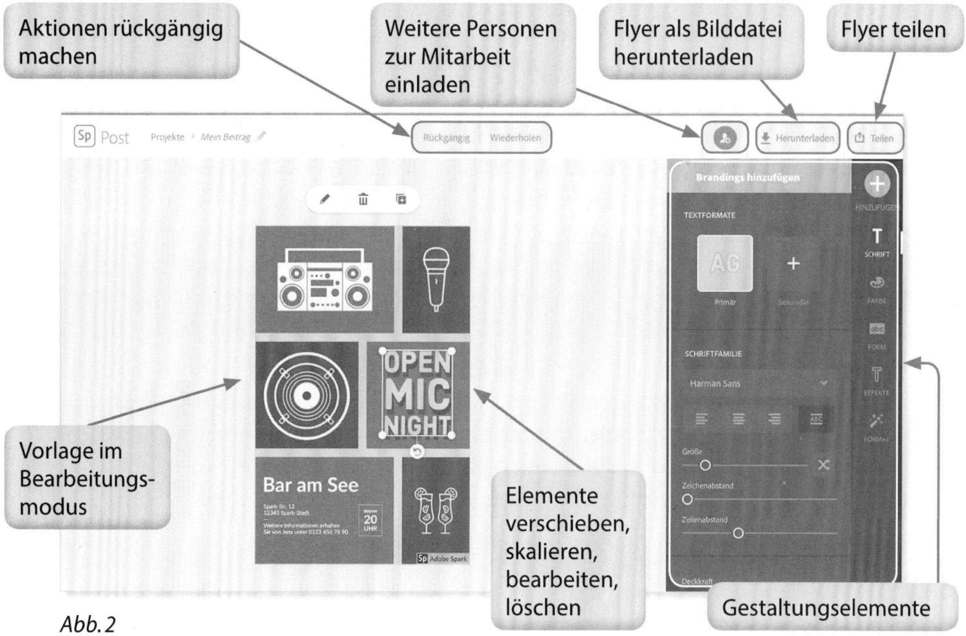

Abb. 2

Screenshots von https://spark.adobe.com/de-DE/ [29.02.2020]
Adobe

https://sway.office.com/

Computer, (Tablet), ggf. Beamer oder interaktives Whiteboard

Registrierung erforderlich

Beschreibung

Sway ist ein Tool für dynamische und responsive Web-Präsentationen.
Um das Tool nutzen zu können, muss man sich zunächst registrieren (mit Klick auf „Loslegen"). Wer bereits ein Microsoft-Konto hat, kann sich mit diesen Zugangsdaten anmelden. Ist man eingeloggt, kann mit Klick auf „Neu erstellen" (entweder in der Menüleiste am oberen Bildschirmrand oder direkt unter der Begrüßung) eine neue Präsentation angelegt werden. Es wird eine leere Sway geladen. Zunächst erscheint die sogenannte Storyline (Präsentationsstruktur), die nun mit Inhalt gefüllt werden kann. In die erste Karte wird der Titel der Präsentation eingegeben. Klickt man auf „Einfügen" (oben rechts), öffnet sich rechts neben der Storyline eine Spalte, in der auch ein Suchbegriff eingegeben werden kann. Aus den dann vorgeschlagenen Bildern kann z. B. ein passendes Hintergrundbild ausgewählt werden. Setzt man in dem Kästchen „Nur Creative Commons" direkt über den Bildern ein Häkchen, werden nur Bilder mit CC-Lizenz angezeigt. Mit Klick auf das Plus-Zeichen direkt unter der Titel-Karte können weitere Karten-Typen (z. B. „Text" oder „Bild") hinzugefügt werden (Abb. 1). Hat man die inhaltliche Arbeit abgeschlossen, kann man sich dem Layout widmen. Hierzu wechselt man in den „Design"-Modus (oben links). Mit Klick auf „Formatvorlagen" (oben rechts) werden in der Spalte rechts unterschiedliche Layouts angeboten, die noch individuell angepasst werden können (unter „Anpassen"). Mit Klick auf „Zufälliges Design" (oben rechts) macht das Programm einen Layout-Vorschlag (Abb. 2). Ergeben sich noch inhaltliche Anpassungen, kann jederzeit zwischen „Storyline" und „Design" gewechselt werden. Mit Klick auf „Wiedergeben" (in der Menüleiste am oberen Bildschirmrand) kann man sich die Präsentation ansehen. Mit Klick auf „Teilen" (rechts daneben) wird ein Link zur Sway generiert, der dann z. B. per E-Mail verschickt werden kann (Abb. 2). Dabei kann ausgewählt werden, ob nur Leserechte („Anzeigen") oder auch Bearbeitungsrechte („Bearbeiten") vergeben werden.

Unterrichtsszenario

Sway ist eine Alternative zur klassischen Bildschirmpräsentation. Der Vorteil ist, dass die Präsentation auf unterschiedlichen Endgeräten angezeigt werden kann, ohne dass dafür eine Software installiert werden muss. Sway wird vor allem zur multimedialen Unterstützung bei Referaten eingesetzt. Das Tool kann aber auch als digitales Portfolio für Projektarbeiten genutzt werden.

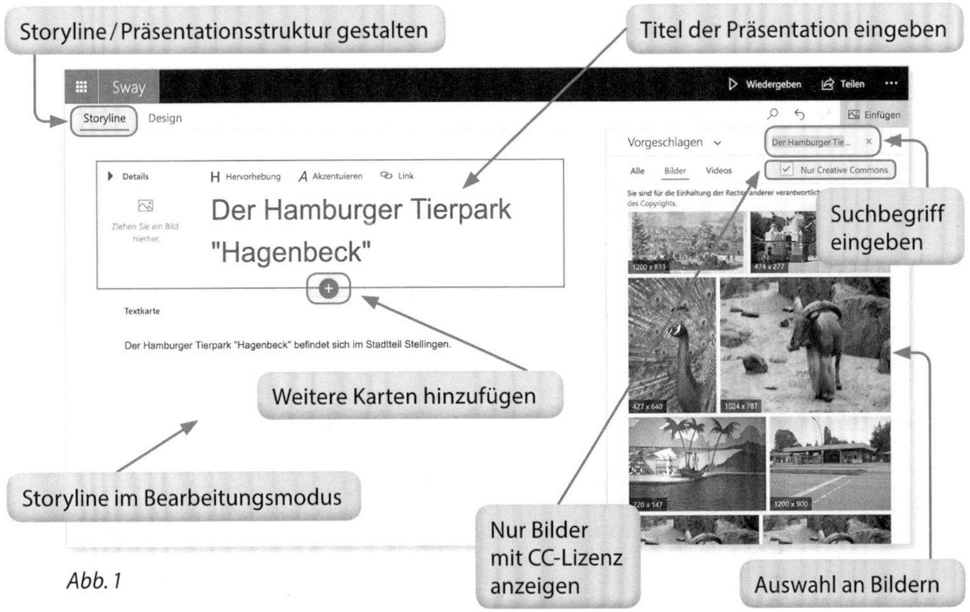

Abb. 1

Abb. 2

Screenshots von https://sway.office.com/ [29.02.2020]
Microsoft

https://bookcreator.com/

Computer, Tablet

Registrierung erforderlich

Hinweis: Book Creator funktioniert nur mit dem Chrome Browser.

Beschreibung

Mit Book Creator lassen sich multimediale Bücher erstellen.
Um das Tool nutzen zu können, muss man sich registrieren („Sign in" in der Menüleiste am oberen Bildschirmrand). Ist die Registrierung abgeschlossen, befindet man sich zunächst in der Bibliothek. Möchte man ein Buch erstellen, klickt man den Button „Neues Buch" (in der Menüleiste am oberen Bildschirmrand). In einem ersten Schritt muss das Buchformat festgelegt werden („Hochformat", „Quadrat" oder „Querformat"; jeweils als normales Buch oder in der Comic-Variante) (Abb. 1). Als Nächstes muss das Buchcover gestaltet werden. Mit Klick auf das Plus-Zeichen (in der Menüleiste oben rechts) können der angezeigten leeren Seite unterschiedliche Elemente hinzugefügt werden, wie z. B. Texte, Bilder, Audioaufnahmen oder Formen. Darüber hinaus können unterschiedliche Medien eingebunden werden (unter „Medien" / „Importieren"). Mit Klick auf den „i"-Button (in der Menüleiste) öffnet sich eine Spalte, über die das jeweils ausgewählte Element gestaltet werden kann (Abb. 2). Ist das Cover fertig, kann mit Klick auf den Pfeil am rechten Bildschirmrand zur nächsten Seite gewechselt werden. Hier stehen dieselben Funktionen zur Verfügung wie bei der Gestaltung des Covers. Mit Klick auf das Play-Zeichen (in der Menüleiste oben rechts) wird eine Vorschau des gestalteten Buches angezeigt (Abb. 2), mit Klick auf „Vorlesen" (oben rechts) wird das Buch vorgelesen. Über den Teilen-Button (dritter Button von rechts) kann das Buch entweder online veröffentlicht, als E-Book heruntergeladen oder ausgedruckt werden. Sollen auch Schüler*innen auf erstellte Bücher zugreifen und auch selbst Bücher gestalten können, ist eine Registrierung durch die Schüler*innen selbst nicht erforderlich. Sie können über QR-Codes oder persönliche Links, die die Lehrkraft für die Schüler*innen generieren kann, auf Book Creator zugreifen. Die Zugangsdaten können in der Bibliothek über das Personen-Icon (in der Menüleiste oben rechts) angelegt werden (Abb. 3).

Unterrichtsszenario

Book Creator ist ein einfach zu bedienendes und vielfältig einsetzbares Tool, mit dem sich z. B. multimediale Lesetagebücher im Deutschunterricht, Versuchsprotokolle im Chemieunterricht oder Projektdokumentationen erstellen lassen.

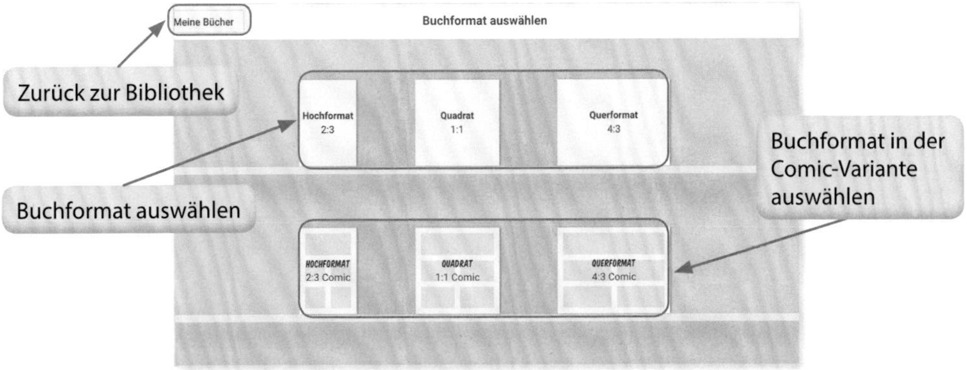

Abb. 1

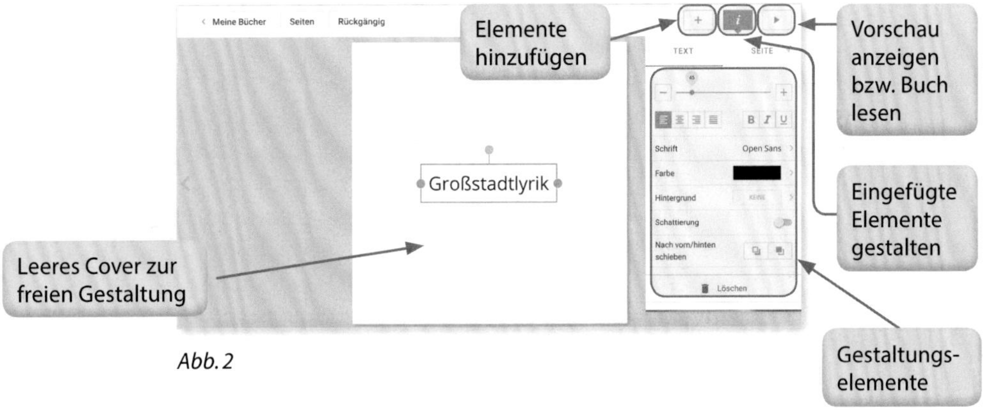

Abb. 2

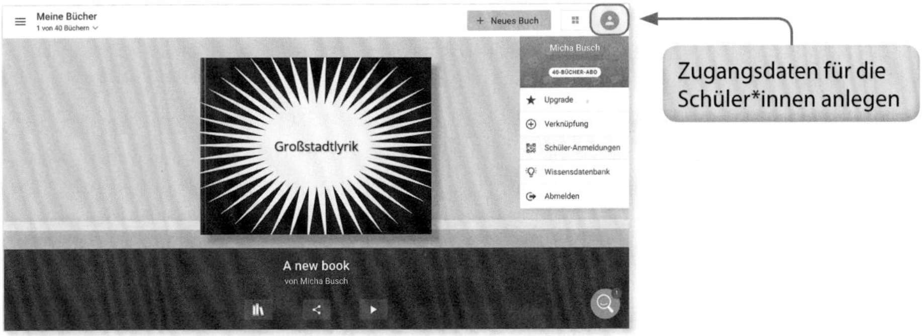

Abb. 3

Screenshots von https://bookcreator.com/ [29.02.2020]
Tools for Schools

https://www.incredibox.com/

Computer, Tablet

keine Registrierung erforderlich

Beschreibung

Incredibox ist ein Musik-Generator, mit dem man schnell eigene Songs im Beatbox-Stil generieren kann.
Um die webbasierte Version zu öffnen, muss auf der Startseite zunächst „Try Web Version" (mittig auf der Seite) ausgewählt werden. Anschließend kann man zwischen vier verschiedenen Musik-Sets (Versionen) wählen („Alpha", „Little Miss", „Sunrise" und „The Love"; die drei anderen Versionen sind gesperrt). Ist die gewünschte Version geladen, gelangt man mit Klick auf den Play-Button in den Bearbeitungsmodus. Es erscheinen sieben Figuren. Unter den Figuren sind verschiedene Symbole aus verschiedenen Kategorien (Beats, Effekte, Melodie/Instrumente und Stimme), die nun per Drag-and-drop den Figuren zugeordnet werden können. Die Figuren werden auf diese Weise musikalisch zum Leben erweckt. So setzt sich nach und nach ein Song zusammen. Möchte man einzelne Elemente bzw. Figuren stumm schalten, genügt ein Klick auf die entsprechende Figur. Möchte man eine Figur isoliert hören, klickt man auf das Kopfhörer-Symbol, das erscheint, sobald man mit der Maus auf die Figur geht. Mit Klick auf das „X" (rechts neben dem Kopfhörer-Symbol) kann das Element komplett entfernt werden. Oben rechts findet sich der Play- bzw. Stopp-Button, über den der selbst komponierte Song abgespielt und auch wieder gestoppt werden kann (Abb. 1). Mit Klick auf den Menü-Button oben links öffnen sich weitere Optionen. Klickt man auf den Button „Reset" werden alle zuvor zugeordneten Elemente wieder entfernt, klickt man auf „Auto" wird der Zufallsmodus aktiviert und es wird ein zufällig zusammengestellter Song abgespielt. Mit Klick auf den Button „Rec" kann der zuvor komponierte Song aufgenommen werden (Abb. 2). Die Aufnahme muss mindestens 25 Sekunden dauern. Im Anschluss kann der Song erneut angehört („Replay") oder auf der Webseite gespeichert werden („Save"). Der Song ist dann auf der Seite öffentlich verfügbar.

Unterrichtsszenario

Incredibox hat ein hohes Motivationspotenzial, da schnell und einfach auf spielerische Weise gut klingende Songs produziert werden können. Im Musikunterricht können die Schüler*innen die Wirkung der verschiedenen musikalischen Elemente ausprobieren und analysieren. Im Anschluss daran kann musiktheoretisches Wissen erarbeitet werden.

Abb. 1

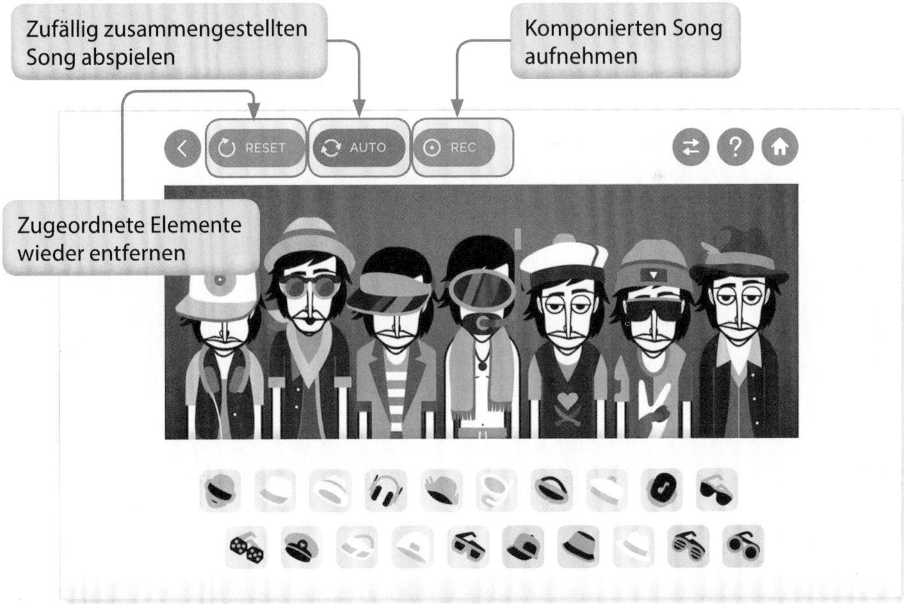

Abb. 2

Screenshots von https://www.incredibox.com/ [01.03.2020]
SO FAR SO GOOD

http://www.kritzel-klub.de/

Computer, Tablet

keine Registrierung erforderlich

Beschreibung

Kritzel-Klub ist ein Online-Malprogramm, das sehr einfach zu bedienen ist und kreatives Zeichnen fördert.
Nach einem Klick auf „Start“ (blauer Button mittig auf der Startseite) kann man seiner Kreativität sofort freien Lauf lassen. Man „malt“ dabei mit der Maus, die mit gedrückter linker Taste über die Zeichenfläche bewegt wird. Auf der linken Bildschirmseite findet sich die Menüleiste. Hier kann man z. B. Werkzeuge und Farben auswählen und die Farbintensität und Strichdicke definieren. Über den blauen Stift können auch Effekte wie beispielsweise das „Ufo“ oder der „Öhm-Klecks“ eingestellt werden (Abb. 1). Klickt man auf das rote Spiele-Symbol, kann man zwischen verschiedenen, die Kreativität anregenden Aktivitäten, wie z. B. das „Cartoon-Diktat“, „Blindzeichnen“ oder „Hören“, wählen (Abb. 2). Über das gelbe Symbol kommt man in die Einstellungen. Hier kann man schließlich das Bild ausdrucken, speichern oder in die Online-Galerie hochladen. Darüber hinaus bietet Kritzel-Klub Erklärvideos zu zeichnerischem Basiswissen (grünes Play-Zeichen), z. B. zur Gestaltung von Gegensätzen (Abb. 1).

Unterrichtsszenario

Kritzel-Klub eignet sich vor allem für freie Malphasen bzw. für Zwischenaufgaben, in denen die Schüler*innen ihrer Kreativität freien Lauf lassen sollen – ohne großen Vorbereitungs- und Materialaufwand. Das Tool bietet hierzu einige, die Kreativität anregende Aktivitäten. Zudem können die Schüler*innen unterschiedliche Effekte ausprobieren, die im Klassenzimmer nicht immer so leicht umgesetzt werden können. Die Möglichkeit, gelungene Ergebnisse in der Online-Galerie zu veröffentlichen, kann die Arbeitsmotivation steigern.

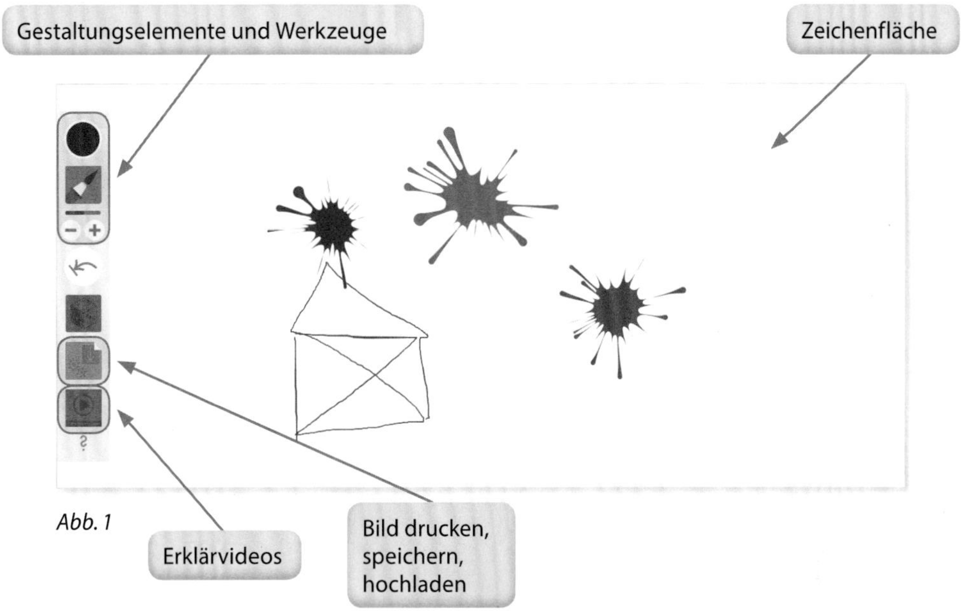

Abb. 1

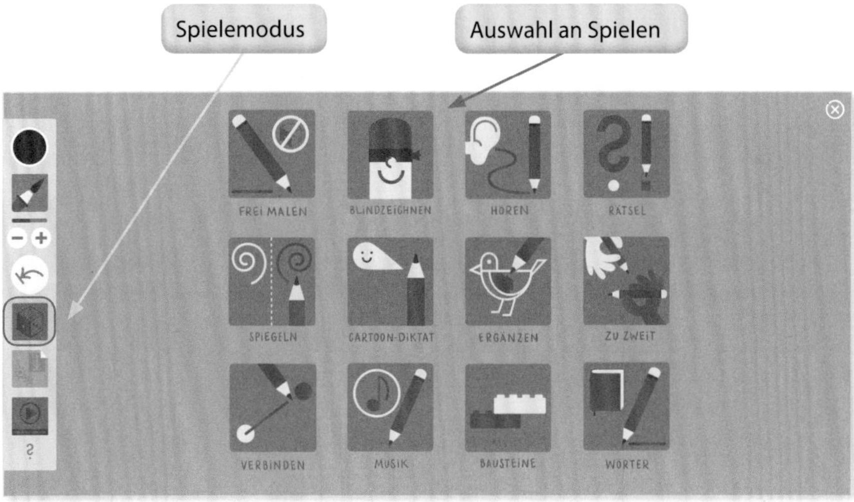

Abb. 2

Screenshots von http://www.kritzel-klub.de/ [07.02.2016]
Christoph Geiger

https://learningapps.org/

Computer, Tablet, Smartphone

keine Registrierung erforderlich

Beschreibung

LearningApps ist eine Plattform, die verschiedene interaktive Übungen und Lernspiele (z. B. Quiz, Puzzle, Zuordnungen) zu unterschiedlichen Fächern und Themen anbietet, man kann aber auch selbst interaktive Übungen bzw. Spiele erstellen. Zudem gibt es für die Lehrkraft die Möglichkeit, Klassen anzulegen, um dann den Schüler*innen Aufgaben zuweisen zu können.
Möchte man bereits vorhandene Übungen in den Unterricht integrieren, kann man über das Suchfeld oben links in der Menüleiste nach passenden Übungen suchen. Werden dann die Suchergebnisse angezeigt, kann man über den Regler oben rechts noch die Schulform bestimmen. Eine andere Möglichkeit ist „Apps durchstöbern": Klickt man auf diesen Button (direkt neben dem Suchfeld), kann man zwischen verschiedenen Kategorien (Schulfächern) und schließlich zwischen verschiedenen Kernthemen des jeweiligen Faches wählen (Abb. 1). Die gewünschte Übung wird per Klick ausgewählt, man kann sofort mit der Bearbeitung beginnen. Am unteren Bildschirmrand finden sich jeweils die Bewertungen der ausgewählten Übung sowie der Weblink und QR-Code, um direkt zu der Übung zu gelangen. Möchte man selbst eine „LearningApp" erstellen, klickt man in der Menüleiste auf „App erstellen" (Abb. 1). Es werden verschiedene Vorlagen präsentiert. Klickt man auf eine Vorlage, werden Beispiele für diesen Aufgabentyp gezeigt. Über den Button „neue App erstellen" (oben rechts) kommt man in den entsprechenden Editor. Hier ist genau vorgegeben, welche Inhalte wo eingefügt werden müssen (Abb. 2). Hat man die Felder entsprechend gefüllt, kann man die Übung durch einen Klick auf „Fertigstellen und Vorschau anzeigen" testen. Funktioniert alles wie geplant, kann die Übung gespeichert werden. Hierzu muss man sich jedoch registrieren.

Unterrichtsszenario

LearningApps eignet sich für unterschiedliche Einsatzszenarien. Die Lehrkraft kann mithilfe der angebotenen Editoren einfach und schnell selbst interaktive Übungen, abgestimmt auf den eigenen Unterricht gestalten. In der Übungsphase kann man auch gut auf die große Auswahl an bereits vorhandenen Übungen zurückgreifen. Zur Festigung eines Inhalts können die Schüler*innen selbst Übungen erstellen, die dann von den Mitschüler*innen bearbeitet werden.

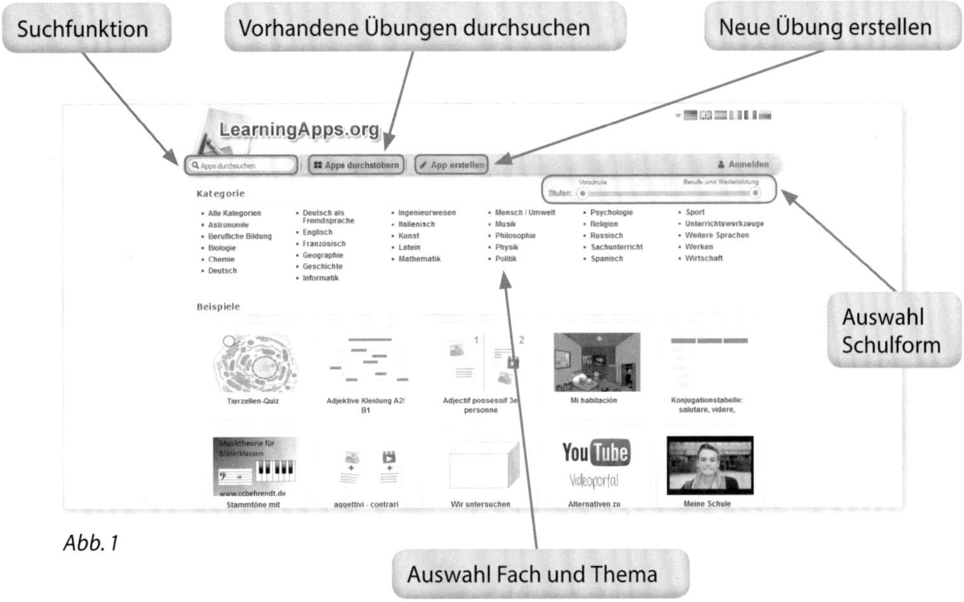

Abb. 1

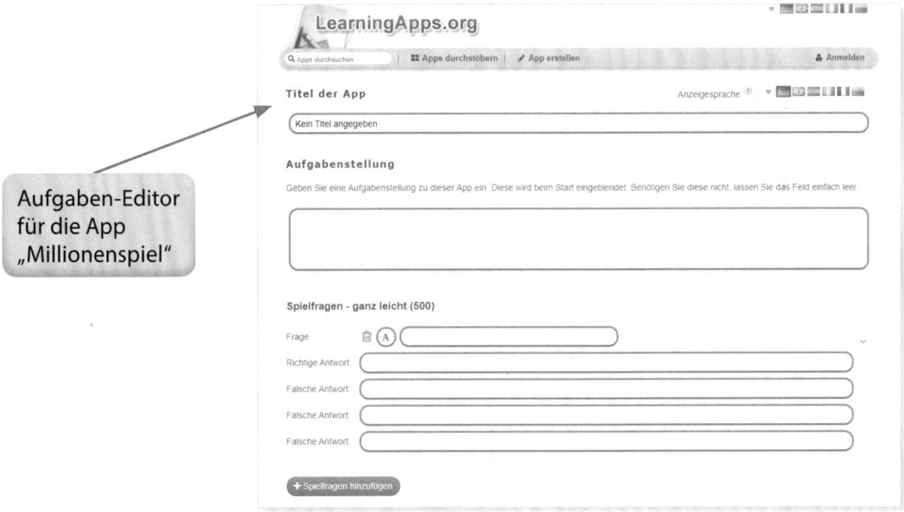

Abb. 2

Screenshots von https://learningapps.org/ [07.02.2016/08.05.2020]
LearningApps – interaktive Lernbausteine

https://www.makebeliefscomix.com/

Computer, Tablet

keine Registrierung erforderlich

Beschreibung

Mit Make Beliefs Comix kann man digitale Kurz-Comics erstellen.
Nach einem Klick auf „create your comix“ (auf der Startseite mittig, direkt über dem Comic) befindet man sich sofort im Comic-Editor. In der Bildschirmmitte sind drei leere Panels (Einzelbilder). Das zur Bearbeitung ausgewählte Panel ist rot umrandet. Möchte man in das nächste Einzelbild wechseln, genügt ein Klick in das leere Feld. Direkt unter den Einzelbildern findet man verschiedene Kategorien („characters“, „masks“, „give me words“, „digital enthusiasts“, „balloons & prompts“ usw.), die man nach rechts durchscrollen kann (Abb. 1). Klickt man beispielsweise auf die Kategorie „characters“, erscheinen verschiedene Figuren. Hat man sich für eine Figur entschieden, kann diese per Klick ausgewählt werden. Nun werden verschiedene Posen der Figur gezeigt. Die gewünschte Pose kann wiederum per Klick in das oben rot umrandete Panel eingefügt werden. Mit gedrückt gehaltener linker Maustaste kann man die Figur in dem Panel verschieben. Über die Werkzeugleiste direkt unter dem ausgewählten Panel können weitere Einstellungen vorgenommen werden (z. B. Größe der Figur anpassen, Figur spiegeln, Figur löschen). Alle weiteren Elemente können auf die gleiche Weise eingefügt und bearbeitet werden. Sind alle drei Bilder gefüllt, kann per Klick auf das Plus-Zeichen (oben links, direkt über den Panels) ein weiteres Einzelbild hinzugefügt werden. Es sind maximal 18 Bilder möglich. Sind alle Panels mit Inhalt gefüllt, kann man den Comic mit Klick auf „print – Email“ (oben rechts, direkt über den Panels) entweder ausdrucken („print“), als Bilddatei auf dem Computer speichern („save image to disk“) oder per Mail verschicken („Email comix“) (Abb. 2). Um den Comic online speichern zu können, muss man sich registrieren („sign in to save online“).

Unterrichtsszenario

Comics können gut zu Beginn einer Unterrichtsstunde als Impuls bzw. Gesprächsanlass eingesetzt werden. Sie können aber auch eine witzige und motivierende Art sein, eine Aufgabe zu formulieren. Darüber hinaus kann Make Beliefs Comix – genauso wie viele andere Tools – von den Schüler*innen verwendet werden, beispielsweise um unterschiedliche Standpunkte zu erarbeiten oder zur Ergebnissicherung.

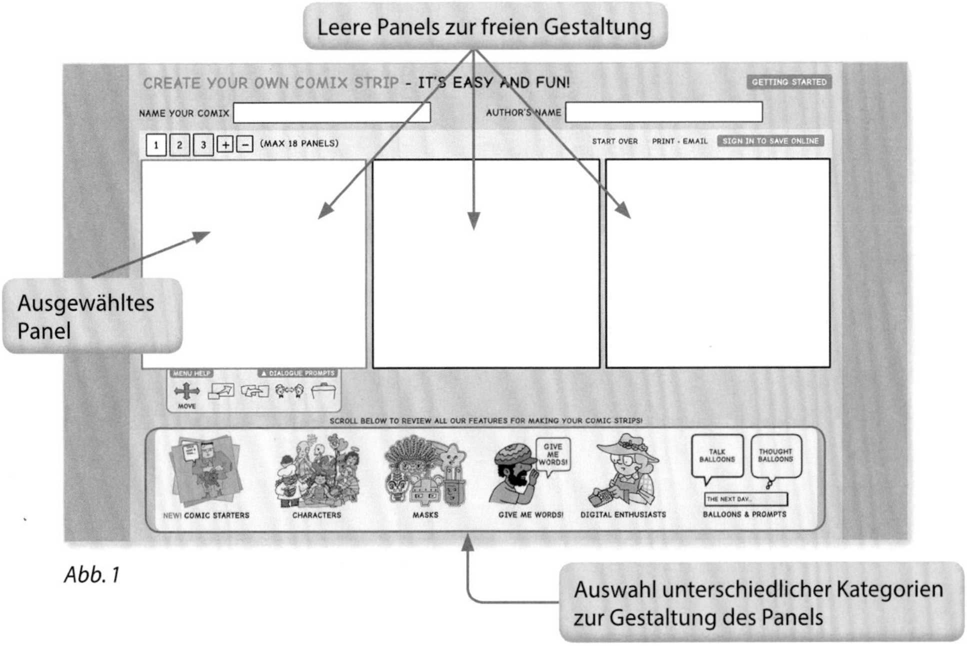

Abb. 1

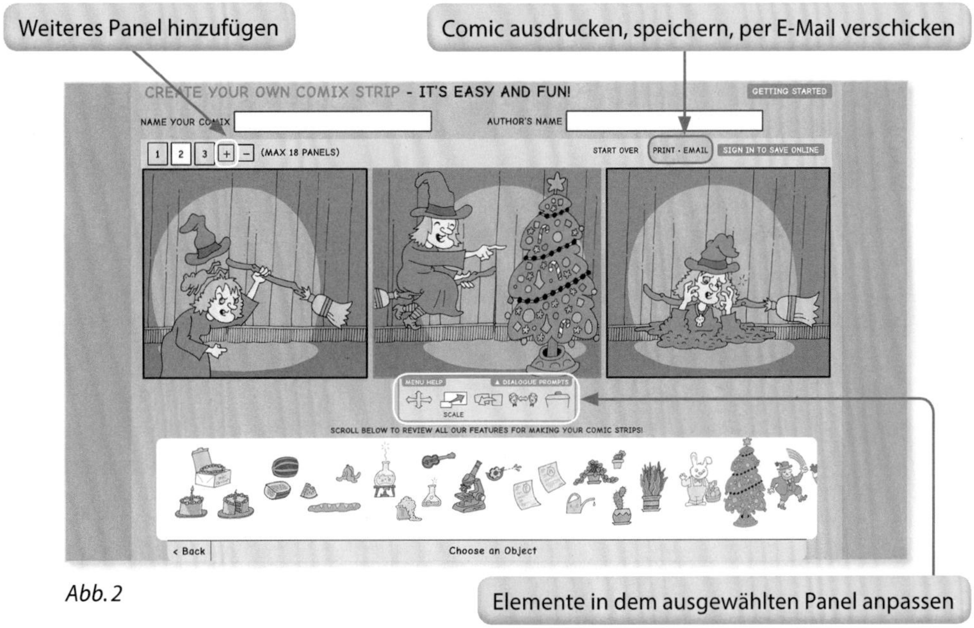

Abb. 2

Screenshots von https://www.makebeliefscomix.com/ [01.03.2020]
Bill Zimmerman, Guarionex Press Ltd.

https://excalidraw.com/

Computer, Tablet, Smartphone

keine Registrierung erforderlich

Beschreibung

Mit Excalidraw kann man Grafiken, Concept Maps und ähnliche Visualisierungen auf einem virtuellen Whiteboard zeichnen.
Das Tool ist sehr übersichtlich, die Funktionalität ist auf das Wesentliche reduziert. Am oberen Bildschirmrand findet sich mittig eine Leiste, in der verschiedene Formen vorgegeben sind (Buttons in der Mitte). Die gewünschte Form kann per Klick ausgewählt und dann mit gedrückter linker Maustaste auf der leeren Fläche des Whiteboards aufgezogen werden. Klickt man auf den Button „A" und anschließend auf die leere Fläche, kann ein Text eingegeben werden. Mit Klick auf den Pfeil (Button links) können eingefügte Objekte markiert, verschoben und in der Größe angepasst werden. Ist das kleine Schloss rechts neben der Leiste geschlossen, wird die jeweilige Form in ihrer Formatierung beibehalten; man kann diese mehrfach hintereinander zeichnen (Abb. 1). Klickt man auf ein Element in der Leiste am oberen Bildschirmrand oder markiert man ein Element auf der Fläche des Whiteboards, öffnet sich zugleich am linken Bildschirmrand eine Spalte, in der unterschiedliche Einstellungen vorgenommen werden können. So kann man beispielsweise die Farbe der Linie („Strich") sowie der Füllung („Hintergrund"), die „Strichstärke", den Stil („Sauberkeit") und die „Deckkraft" einstellen. Unter „Ebenen" können Objekte und Textfelder in den Vorder- bzw. Hintergrund gelegt werden, unter „Aktionen" können Elemente dupliziert oder gelöscht werden. Mit Klick auf den Plus- bzw. Minus-Button unten links kann man in das Whiteboard hinein- bzw. wieder herauszoomen (Abb. 1). Am oberen Bildschirmrand links findet sich eine Leiste mit unterschiedlichen Buttons, über die das Whiteboard verwaltet werden kann. So kann man bereits erstellte Excalidraw-Dateien hochladen (erster Button von links), das Whiteboard speichern (zweiter Button von links) oder exportieren (dritter Button von links) (Abb. 1). Möchte man die Grafik exportieren, so kann man sich diese als Bilddatei (PNG) oder Vektorgrafik (SVG) ausgeben lassen oder per Link teilen (Abb. 2).

Unterrichtsszenario

Mit Excalidraw können Lehrkräfte auf sehr einfache Weise digitale Tafelbilder anfertigen – sowohl in der Unterrichtsvorbereitung als auch direkt im Unterricht. Auch Mindmaps und Concept Maps lassen sich mit diesem Tool schnell und unkompliziert skizzieren.

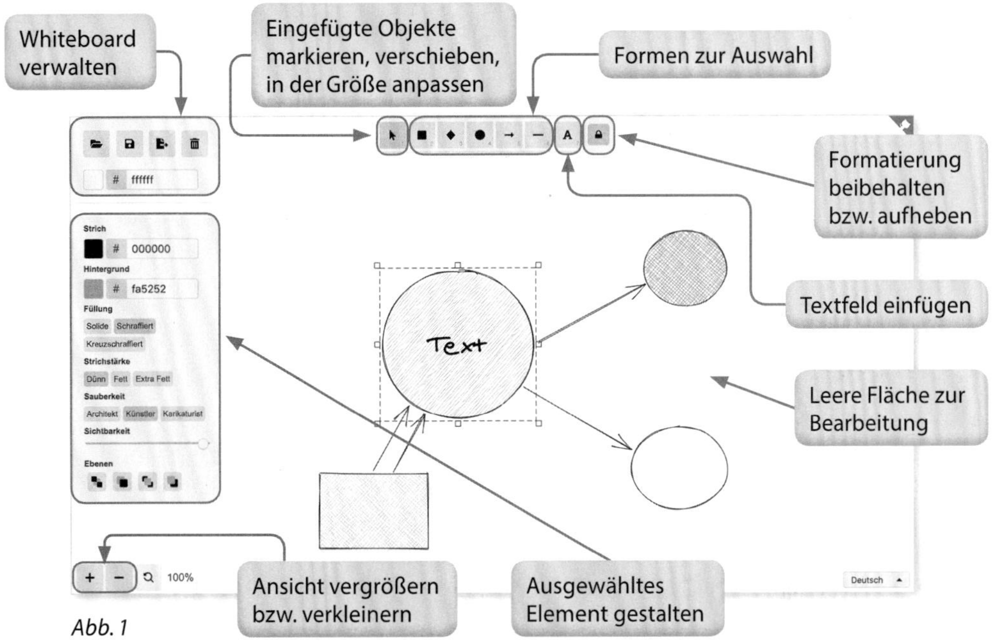

Abb. 1

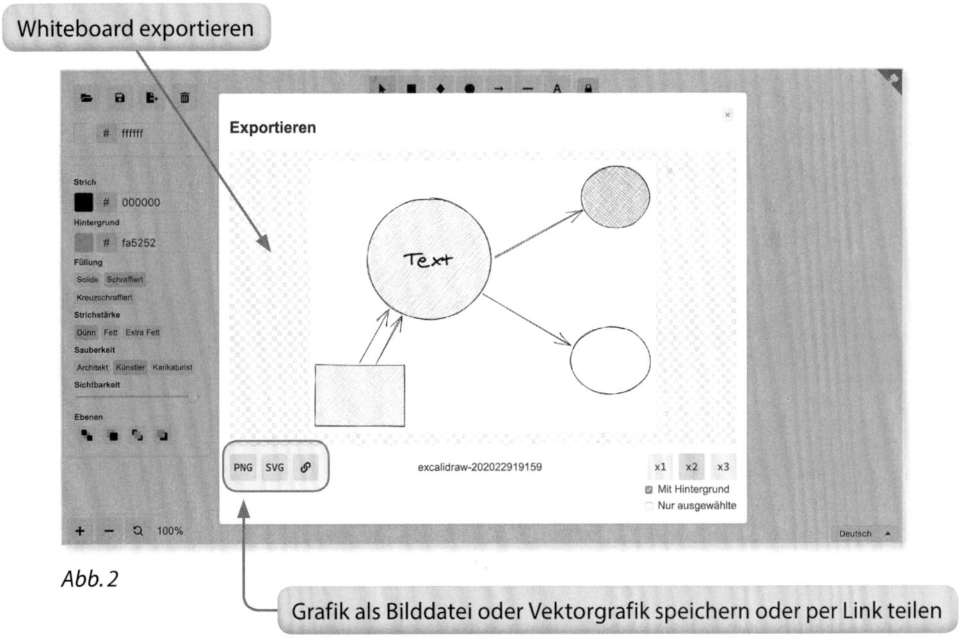

Abb. 2

Screenshots von https://excalidraw.com/ [29.02.2020]
Excalidraw

https://pixlr.com/

Computer, Tablet

keine Registrierung erforderlich

Beschreibung

Pixlr ist ein Online-Bildbearbeitungsprogramm.
Auf der Startseite werden zwei Gratis-Anwendungen angeboten („Advanced Pixlr E“ und „Playful Pixlr X“). Für die einfache Bildbearbeitung genügt die „Playful“-Version. Mit Klick auf den entsprechenden Button wird der Editor geladen. Zunächst muss eine Bildquelle ausgewählt werden. Ist das Bild auf der Festplatte gespeichert, kann es per Klick auf „Open Image“ (in der Spalte links) in den Editor geladen werden, ist das Bild aus dem Internet, klickt man auf „Load URL“. Außerdem gibt es die Möglichkeit, eines der von dem Tool zur Auswahl gestellten Beispielbilder zu bearbeiten („Try editing a photo now“) (Abb. 1). Hat man ein Bild ausgewählt, erscheint es mittig im Editor. Am linken Bildschirmrand findet sich eine Werkzeugleiste mit unterschiedlichen Kategorien, wie z. B. Anpassungen („Adjust“), Filter („Filter“) oder Effekte („Effect“). Klickt man auf eine Kategorie, so öffnet sich rechts daneben der Bearbeitungsbereich, in dem unterschiedliche Einstellungen vorgenommen werden können, die direkt im Bild sichtbar werden. Mit Klick auf „Apply“ (unten im Bearbeitungsbereich) werden die Änderungen übernommen (Abb. 2). Am rechten Bildschirmrand ist eine weitere Spalte. Unter „Navigate“ kann mit Klick auf das Plus- bzw. Minus-Zeichen in das Bild hineingezoomt bzw. aus dem Bild herausgezoomt werden. Unter „Layers“ kann man mit Klick auf das Plus-Zeichen weitere Ebenen (z. B. eine leere Ebene, eine Bild- oder Textebene) hinzufügen. Ist das Bild fertig bearbeitet, kann man es mit Klick auf „save“ (blauer Button am unteren Bildschirmrand) speichern bzw. herunterladen (Abb. 2). Dabei kann der Dateityp, die Größe des Bildes und bei jpg und webp die Qualität ausgewählt werden.

Unterrichtsszenario

Mit Pixlr können auf einfache Weise unterschiedliche Anpassungen und Effekte der Bildbearbeitung ausprobiert und untersucht werden. Somit ist Pixlr ein interessantes Tool für den Kunstunterricht, z. B. für die Bildanalyse und -interpretation (Wie werden welche Stimmungen erzeugt?). Auch im Deutschunterricht kann mit Pixlr gearbeitet werden, z. B. im Rahmen einer Unterrichtseinheit zum Thema „Zeitung“ oder „Werbung“ (Manipulation durch Bildmanipulation).

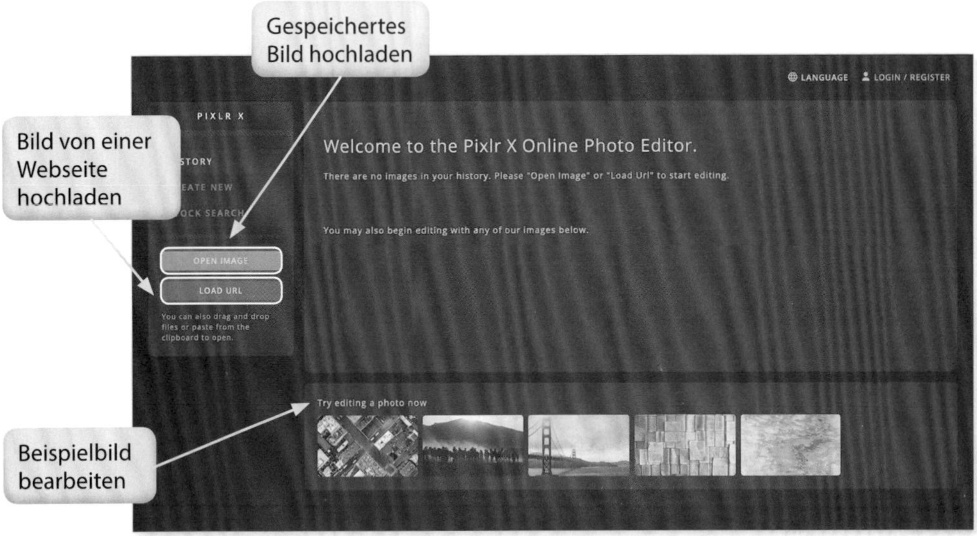

Abb. 1

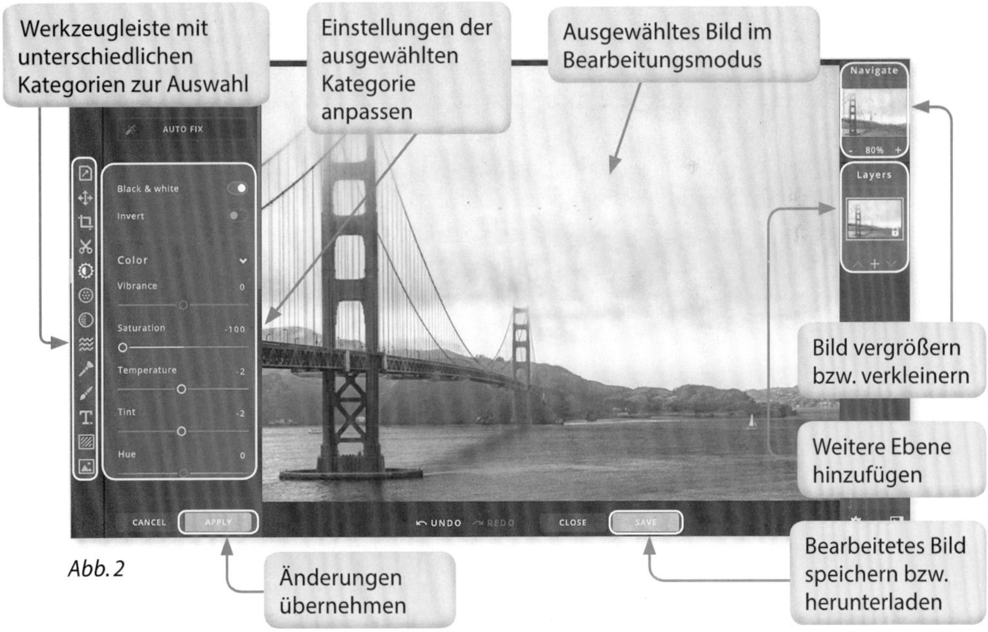

Abb. 2

Screenshots von https://pixlr.com/ [01.03.2020]
Pixlr by Inmagine

https://edkimo.com/de/

Computer, Tablet, Smartphone, ggf. Beamer oder interaktives Whiteboard

Registrierung erforderlich (ein kostenloses Test-Konto pro Schule)

Beschreibung

Edkimo ist ein (kostenpflichtiges) Feedback-Tool, das speziell für den Einsatz in der Schule entwickelt wurde, um Feedback zu erleichtern. Lehrkräfte erhalten von ihren Schüler*innen ein anonymes und ehrliches Feedback in Echtzeit. Es können jedoch auch andere Umfragen erstellt werden.
Edkimo gibt es sowohl als App, mit der die Schüler*innen über das Smartphone feedbacken können, als auch als browserbasierte Version. Edkimo ist ein deutsches Startup und nutzt deutsche Server.
Das Tool ist registrierungspflichtig, pro Schule bietet Edkimo ein kostenfreies Test-Konto an. Es gibt einen Login für Lehrkräfte und einen für Schüler*innen. Loggt man sich als Lehrkraft ein, kommt man zunächst in das Dashboard. Hier sind alle bereits erstellten Umfragen aufgelistet. In dem Feld auf der linken Seite kann eine neue Umfrage erstellt werden. Man kann dabei entweder auf eine vorhandene Vorlage zurückgreifen (im Reiter „Edkimo-Vorlagen“ unter „Fragebogen“) oder aber man erstellt seinen eigenen Feedbackbogen (im Reiter „Meine Vorlagen“ unter „Mein Fragebogen“) (Abb. 1). Dann gibt man der Umfrage noch einen passenden Titel („Titel der Befragung“) und klickt auf „Hinzufügen“. Die Umfrage inklusive Feedback-Code erscheint auf dem Bildschirm und kann nun von den Schüler*innen bearbeitet werden. Die Schüler*innen geben den entsprechenden Feedback-Code auf https://edkimo.com/de/ ein (oder sie verwenden die App). Haben die Schüler*innen ihr Feedback gegeben, kann sich die Lehrkraft im Dashboard die Ergebnisse anzeigen lassen (Abb. 2).

Unterrichtsszenario

Feedback im Lernprozess kann viel bewirken und sollte deshalb in regelmäßigen Abständen durchgeführt werden – mal als Kurzfeedback („3 Fragen zum Unterricht“), mal als ausführlichere Rückmeldung. Die Ergebnisse können dann vor der Klasse visualisiert und gemeinsam mit den Schüler*innen besprochen und ausgewertet werden. Dieses Gespräch über das Feedback ist das eigentlich Entscheidende. Im Idealfall kristallisieren sich zwei bis drei Punkte heraus, an denen man dann (gemeinsam) arbeiten kann.

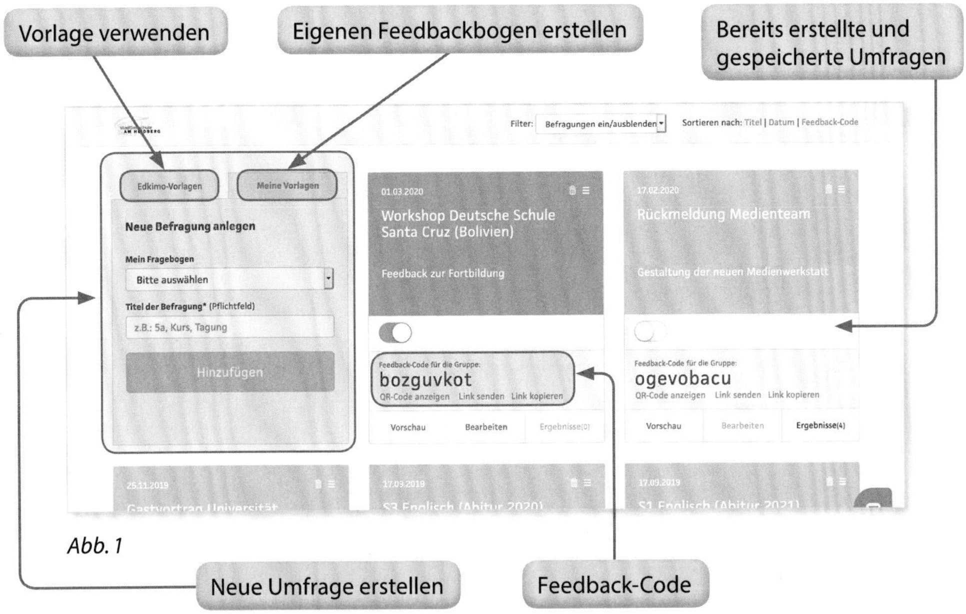

Abb. 1

Abb. 2

Screenshots von https://edkimo.com/de/ [01.03.2020]
Edkimo GmbH

https://kahoot.com/

https://kahoot.it/ (für die Schüler*innen)

Computer, Tablet, Smartphone, Beamer oder interaktives Whiteboard

Registrierung erforderlich

Beschreibung

Mit Kahoot! können motivierende Quiz, aber auch Umfragen erstellt werden. Um das Tool nutzen zu können, muss man sich registrieren (Button „Sign up for free!“ auf der Startseite mittig bzw. „Sign up“ oben rechts). Ist man eingeloggt, befindet man sich zunächst im Dashboard. Mit Klick auf „Create“ und dann auf „New kahoot“ kann ein neues Kahoot-Quiz erstellt werden. Ist der Fragebogeneditor geladen, können die Fragen und Antwortmöglichkeiten in die vorgegebenen Felder eingegeben werden. Die richtige(n) Antwort(en) muss / müssen entsprechend markiert werden. Darüber hinaus kann ein Bild oder Video hinzugefügt, ein Zeitlimit für die Beantwortung der Frage und die Punktzahl für diese Frage festgelegt werden. Mit Klick auf den Button „Add question“ in der Spalte am linken Bildschirmrand können weitere Fragen hinzugefügt werden. Hat man alle Quiz-Fragen angelegt, kann das Quiz mit Klick auf den Button „Done“ (oben rechts) generiert werden (Abb. 1). Möchte man nun das erstellte Quiz mit der Klasse durchführen, klickt man auf den Play-Button und dann auf „Host Live“, um in den Spielemodus zu gelangen. Die nächsten Schritte sollte die Lehrkraft über den Beamer bzw. über das Whiteboard projizieren. Es kann zwischen dem klassischen Spielmodus (Spieler*in gegen Spieler*in) oder dem Team-Modus (Team gegen Team) gewählt werden. Anschließend wird ein Code angezeigt. Die Schüler*innen gehen mit ihren Endgeräten auf https://kahoot.it/ und geben den angezeigten Code und einen Namen (auf Pseudonymisierung achten) ein (Abb. 2). Sind alle Schüler*innen eingeloggt, klickt die Lehrkraft auf „Start“ und die erste Frage erscheint. Die Schüler*innen können auf ihren Geräten die richtige Antwort auswählen und erhalten direktes Feedback, ob die Antwort richtig ist.

Unterrichtsszenario

Kahoot! kann in jedem Fach eingesetzt werden, um auf spielerische Weise Faktenwissen abzufragen. Ebenso bietet sich ein „Vokabel-Quiz“ im Fremdsprachenunterricht an. Das Quiz kann als aktivierender Einstieg in eine Stunde dienen oder am Ende einer Einheit zur Überprüfung des Gelernten eingesetzt werden.

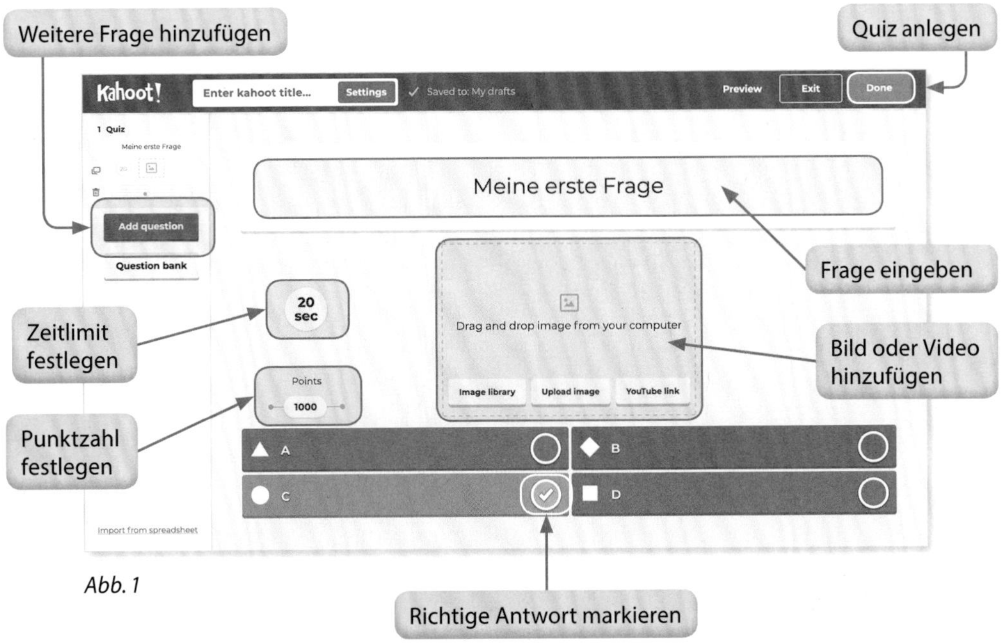

Abb. 1

Abb. 2

Screenshots von https://kahoot.com/ [07.03.2020]
Kahoot!

https://www.mentimeter.com/

https://www.menti.com/ (für die Schüler*innen)

Computer, Tablet, Smartphone, Beamer oder interaktives Whiteboard

Registrierung erforderlich

Beschreibung

Mentimeter ist ein interaktives Umfragetool. Die Ergebnisse werden in Echtzeit dargestellt.
Um das Tool nutzen zu können, muss man sich registrieren („Sign up" auf der Startseite mittig bzw. oben rechts). Ist man eingeloggt, befindet man sich zunächst im „Home"-Bereich. Hier sind alle bereits erstellten Umfragen aufgelistet. Mit Klick auf „New presentation" (blauer Button in der Bildschirmmitte bzw. oben links) kann eine neue Umfrage erstellt werden. Ist der Editor geladen, findet sich in der Bildschirmmitte zunächst eine leere Folie. In der Spalte am rechten Bildschirmrand sind verschiedene Fragetypen („Type") vorgegeben (z. B. „Multiple Choice", „Word Cloud", „Open Ended", „Scales", „Image Choice"). Mit Klick auf den gewünschten Fragetyp wird dieser auf die leere Folie in der Mitte übernommen (Abb. 1). Nun kann die Frage entsprechend bearbeitet und die Darstellung angepasst werden (unter „Content" bzw. „Customize" in der Spalte am rechten Bildschirmrand). Mit Klick auf „Add slide" (in der Spalte am linken Bildschirmrand) können weitere Folien und somit Fragen hinzugefügt werden. In der Gratis-Version sind Umfang und Funktionalität jedoch beschränkt. Es sind nur zwei Slides pro Umfrage möglich. Hat man alle Fragen eingegeben, kann die Umfrage mit Klick auf den Button „Share" (oben rechts) geteilt werden (Abb. 1). Über den direkten Zugangslink sowie über den QR-Code ist die Umfrage dauerhaft abrufbar. Alternativ können die Schüler*innen auch mit ihren Endgeräten auf die Seite https://www.menti.com/ gehen und den angezeigten Code eingeben. Dieser läuft allerdings nach zwei Tagen ab (Abb. 2). Mit Klick auf „Present" (blauer Button oben rechts) können die Ergebnisse gezeigt werden (Abb. 1).

Unterrichtsszenario

Mit Mentimeter können Lehrkräfte schnell und unkompliziert Live-Umfragen im Klassenzimmer durchführen. So können z. B. zu Beginn einer Unterrichtseinheit erste Assoziationen gesammelt und in Echtzeit in Form einer Wortwolke dargestellt werden.

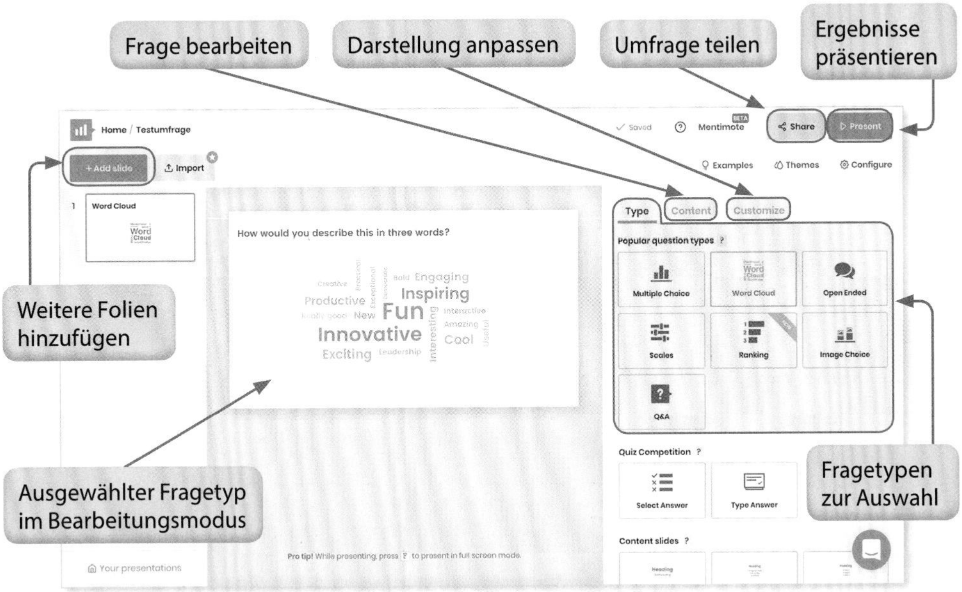

Abb. 1

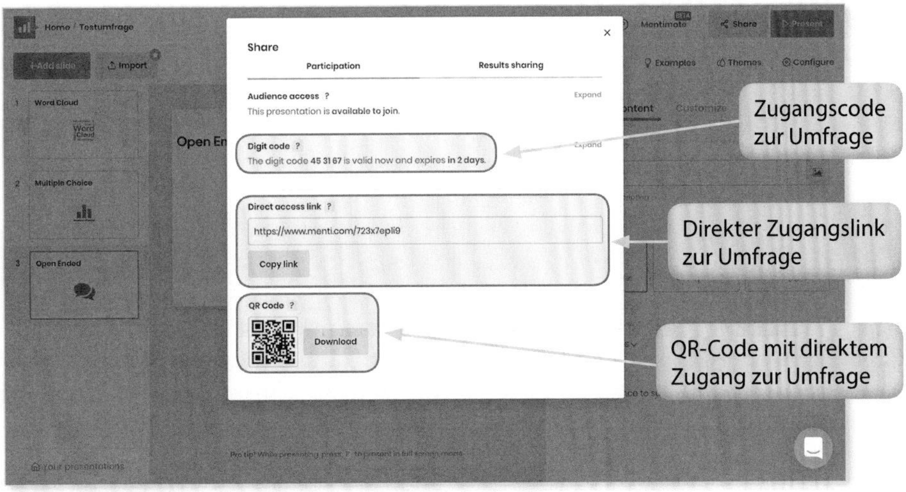

Abb. 2

Screenshots von https://www.mentimeter.com/ [07.03.2020]
Mentimeter AB

https://fragmich.xyz/neu

https://fragmich.xyz/ (für die Schüler*innen)

Computer, Tablet, Smartphone, Beamer oder interaktives Whiteboard

keine Registrierung erforderlich

Beschreibung

Fragmich ist ein Tool für das gemeinsame Sammeln und Bewerten von Fragen. Die Fragerunde bleibt für 90 Tage gespeichert und wird danach gelöscht.
Auf der Startseite finden sich zwei leere Felder, in die der Titel bzw. das Thema der Fragerunde sowie der gewünschte Code, der dann an alle Teilnehmer*innen der Fragerunde gegeben wird, eingegeben werden kann. Mit Klick auf „Fragerunde anlegen" wird die Fragerunde erstellt (Abb. 1). Es erscheint zunächst eine Überblicksseite, die man speichern sollte (Lesezeichen anlegen), damit man im weiteren Verlauf – wenn man die Fragerunde als Präsentation starten, moderieren oder nachbereiten möchte – immer wieder darauf zugreifen kann. Mit Klick auf „Fragerunde starten" wird die Umfrage aktiviert (Abb. 2). Die URL sowie der Code der Fragerunde werden in einem neuen Tab angezeigt. Die Schüler*innen gehen auf die Seite https://fragmich.xyz/ und geben den Code ein. Nun können sie eine Frage zu dem Thema formulieren und mit Klick auf „Frage einreichen" speichern (Abb. 3). Die Schüler*innen können beliebig viele Fragen eingeben. Mit Klick auf „Weiter zur Fragenbewertung" (unten rechts) werden alle eingereichten Fragen angezeigt. Die Fragen können nun bewertet werden. Die Lehrkraft hat die Möglichkeit, die eingereichten Fragen zu moderieren (mit Klick auf „Moderations-Seite öffnen" auf der Überblicksseite) (Abb. 2). Sie kann z. B. Duplikate löschen, offensichtliche Fehler korrigieren oder Fragen zusammenführen. Haben alle Schüler*innen Fragen eingegeben und bewertet, kann die Lehrkraft die Fragerunde mit Klick auf „gesammelte Fragen nach Bewertung sortiert präsentieren" (Tab mit der URL und dem Code) abschließen und das Ergebnis präsentieren. Die Fragen werden nun nach der Bewertung sortiert angezeigt.

Unterrichtsszenario

Mit Fragmich können Fragen zu einem Oberthema – z. B. für ein Unterrichtsprojekt „Forschendes Lernen" – gesammelt und gemeinsam bewertet werden. Die Fragen, die am meisten Interesse hervorrufen, können dann im Unterricht von den einzelnen Teams erarbeitet werden.

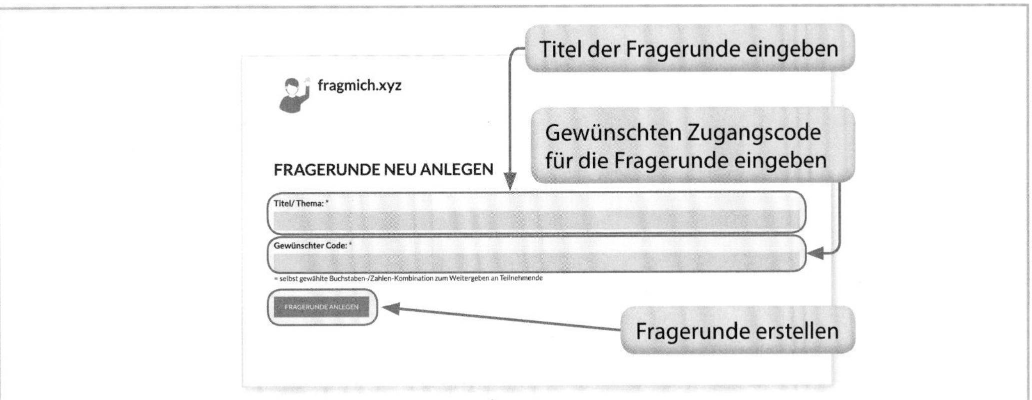

Abb. 1

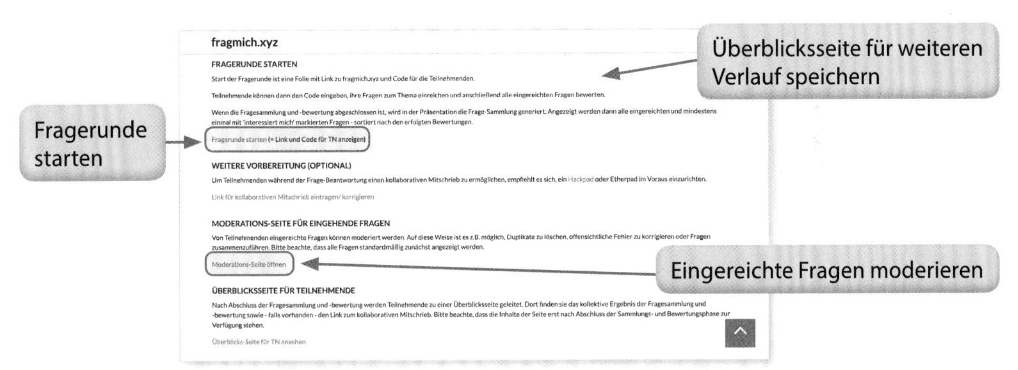

Abb. 2

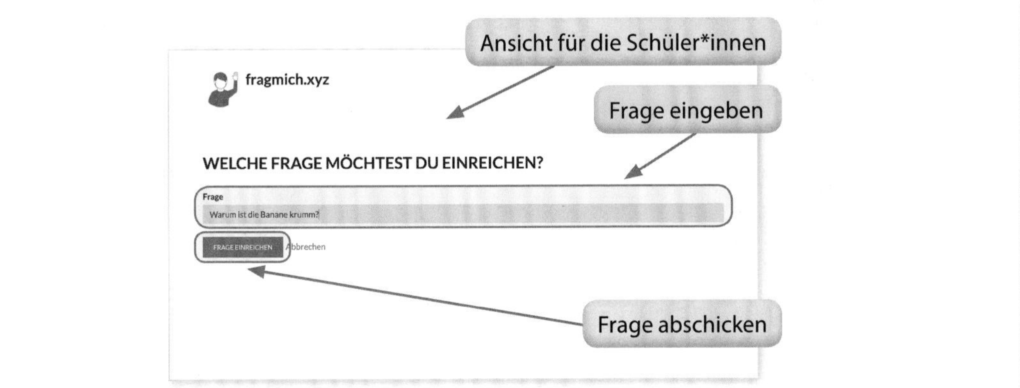

Abb. 3

Screenshots von https://fragmich.xyz/neu [07.03.2020]
eBildungslabor, Nele Hirsch

https://testmoz.com/

Computer, Tablet

keine Registrierung erforderlich

Beschreibung

Testmoz ist ein Test-Generator, mit dem man Wissenstests erstellen, durchführen und auswerten kann. Die Gratis-Version ist in Umfang und Funktionalität beschränkt.
Um einen neuen Test zu erstellen, klickt man zunächst auf „Build a Test" (auf der Startseite mittig bzw. oben rechts). Als nächstes muss man einen Namen für den Test sowie ein Passwort festlegen. Mit Klick auf „Create Test" gelangt man in das Dashboard. Diese Seite sollte man speichern (Lesezeichen anlegen), damit man später wieder problemlos auf sie zugreifen kann. Nun klickt man sich Schritt für Schritt durch die einzelnen Bereiche („1. Adjust settings", „2. Add questions", „3. Publish & distribute", „4. View results"). Unter „Settings" kann man z. B. einen Einführungstext eingeben (unter „Introduction"), ein Farbschema bestimmen (unter „Color Scheme") und noch weitere Einstellungen vornehmen (Abb. 1). Steht das Setting, können die Fragen formuliert werden. Mit Klick auf „Questions" (in der Menüleiste am linken Bildschirmrand) gelangt man in den Aufgabeneditor. Über das Auswahlmenü („Insert") kann ein Aufgabentyp ausgewählt und hinzugefügt werden. Anschließend kann man die Frage sowie die Antworten eingeben und die Punkte, die für diese Aufgabe erzielt werden können, bestimmen. Neben Text können über die Werkzeugleiste, die sich bei Klick in das entsprechende Feld öffnet, auch Bilder, Videos oder Formeln eingefügt werden. Die nächste Frage kann wieder über das Auswahlmenü („Insert") hinzugefügt werden. Hat man alle Fragen angelegt, kann der Test mit Klick auf „Publish" (in der Menüleiste am linken Bildschirmrand) fertiggestellt und die Test-URL generiert werden (Abb. 2). Die Schüler*innen geben nun die URL auf ihren Endgeräten ein und melden sich an (auf Pseudonymisierung achten). Hat ein*e Schüler*in alle Aufgaben gelöst, wird das Testergebnis sowohl auf seinem*ihrem Endgerät angezeigt als auch in der Übersicht für die Lehrkraft (unter „Results" in der Menüleiste am linken Bildschirmrand).

Unterrichtsszenario

Testmoz kann eingesetzt werden, um z. B. zu Beginn einer Unterrichtsstunde kleine Wissenstests zum Inhalt der letzten Stunde(n) durchzuführen. Die Schüler*innen erhalten ein direktes Feedback. Die Lehrkraft hat über die „Results"-Funktion die Übersicht, wie die einzelnen Schüler*innen abgeschnitten haben.

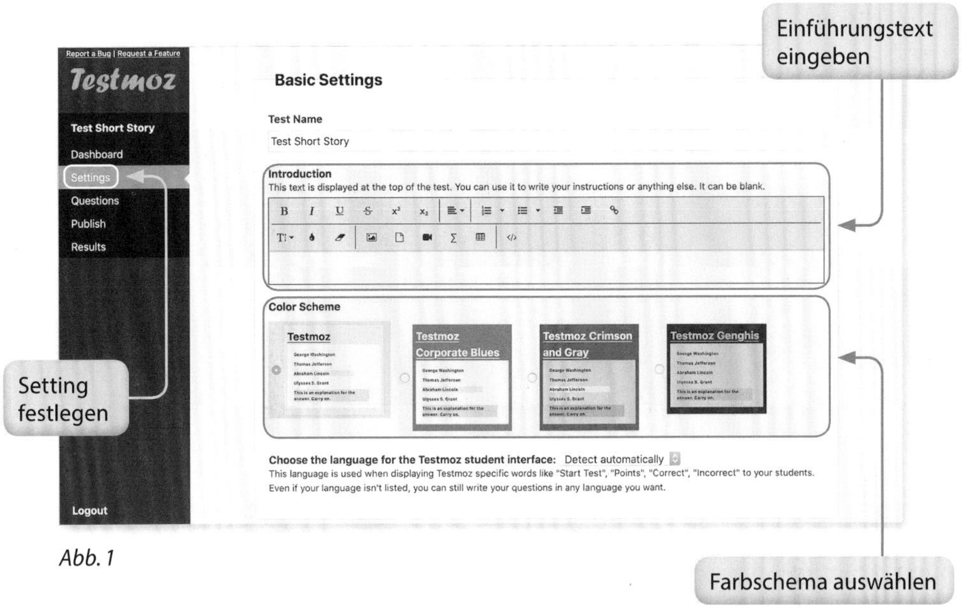

Abb. 1

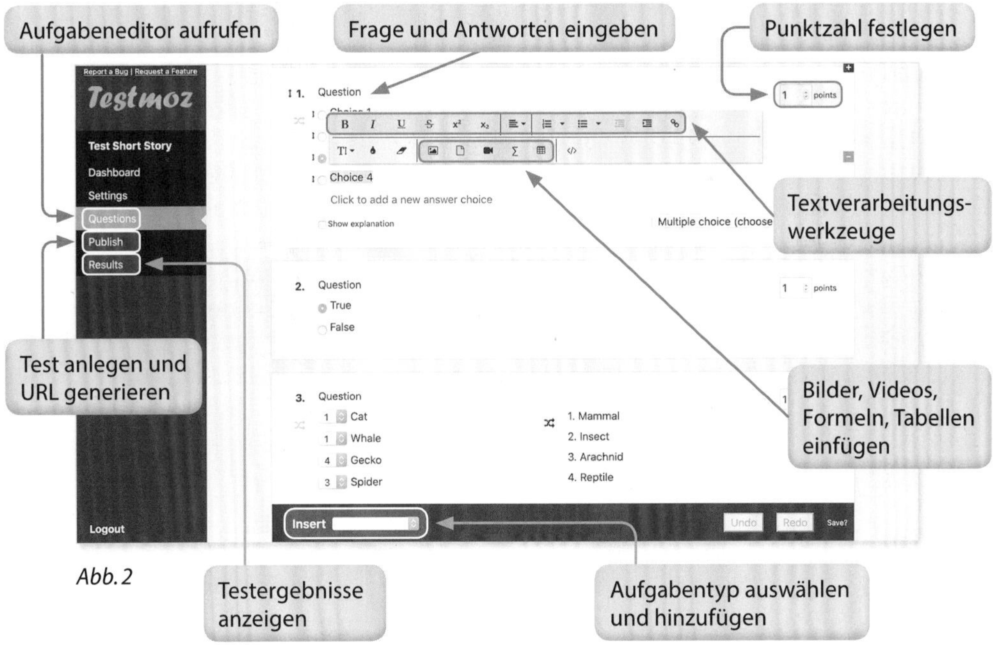

Abb. 2

Screenshots von https://testmoz.com/ [07.03.2020]
Matt Johnson

https://nuudel.de/

Computer, Tablet, Smartphone

keine Registrierung erforderlich

Beschreibung

Nuudel ist ein Terminfindungs- und Umfragetool. Das Tool wird vom Verein Digitalcourage e. V. angeboten und betreibt nach eigenen Angaben keinerlei Tracking, d. h. es werden keine Daten der Nutzer*innen, wie z. B. die IP-Adresse, gespeichert.
Um eine neue Terminabfrage zu erstellen, klickt man auf der Startseite auf „Termin finden". In einem ersten Schritt müssen der Name und die E-Mail-Adresse des*der Administrators*Administratorin, der Titel der Umfrage und eine Beschreibung (optional) eingegeben werden. Statt der richtigen Mailadresse kann auch etwas Beliebiges eingegeben werden, das dann aber auf „@invalid" enden muss. Wird mit einer Fake-Mailadresse gearbeitet, sollte die Administrationsseite als Lesezeichen gespeichert werden, damit man auch später noch auf die Seite zugreifen und die Umfrage verwalten kann. Unter „Optionale Einstellungen" können weitere Einstellungen vorgenommen werden (z. B. Passwort für die Umfrage vergeben). Mit Klick auf „Weiter zum 2. Schritt" können Terminvorschläge, die man zur Auswahl stellen möchte, eingegeben werden (Abb. 1). Klickt man auf „Weiter", wird man aufgefordert, ein Datum festzulegen, an dem die Umfrage gelöscht wird. Mit Klick auf „Umfrage erstellen" wird die Terminabfrage angelegt. In einer Übersicht über die gemachten Angaben werden zwei Links angezeigt: Der Link unter „Öffentlicher Link zur Umfrage" kann nun an die Teilnehmer*innen der Umfrage verschickt werden. Über den Link unter „Administrationsseite der Umfrage" kann der*die Administrator*in die Umfrage verwalten. Die Teilnehmer*innen müssen jeweils ihren Namen (oder ein Kürzel) eingeben, dann können sie ihre Terminpräferenz eintragen (grüner Haken = ja, gelber Haken = unter Vorbehalt, roter durchgestrichener Kreis = nein). Mit Klick auf „Speichern" wird die Auswahl bestätigt. Daneben gibt es die Möglichkeit, einen Kommentar abzugeben (Abb. 2). Über den Admin-Link können die Umfrageergebnisse eingesehen werden.

Unterrichtsszenario

Nuudel eignet sich für die Terminorganisation im Kollegium, aber auch für Umfragen in einer Klasse. Plant man beispielsweise eine Fortbildungsveranstaltung, lässt sich über die Terminabfrage schnell herausfinden, wann die meisten Kolleg*innen Zeit haben. Mit der klassischen Umfrage kann man z. B. Meinungsbilder zu einer Fragestellung einholen.

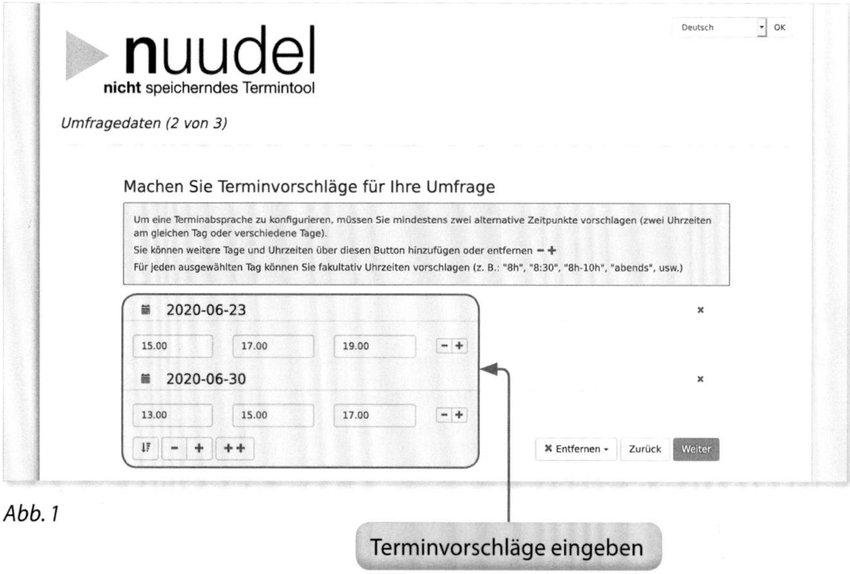

Abb. 1

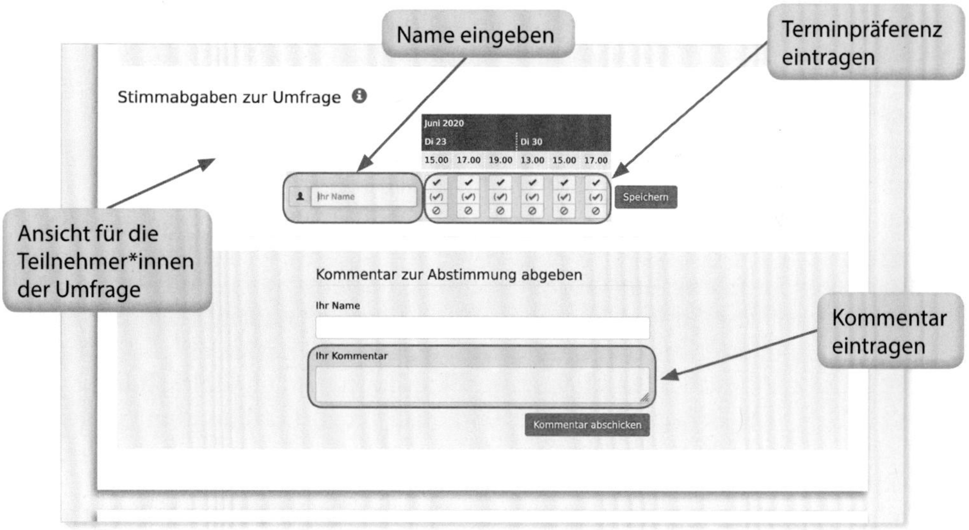

Abb. 2

Screenshots von https://nuudel.de/ [29.02.2020]
Digitalcourage e. V.

https://oncoo.de/

Computer, Tablet, Smartphone, ggf. Beamer oder interaktives Whiteboard

keine Registrierung erforderlich

Beschreibung

Mit ONCOO lassen sich verschiedene Methoden aus dem Bereich des kooperativen Lernens auf sehr einfache Weise digital organisieren und durchführen.
Um zu der Methodenauswahl zu gelangen bzw. um ein ONCOO zu erstellen, klickt man auf der Startseite zunächst auf das gelbe Dialog-Symbol. Es werden fünf Methoden angeboten: „Kartenabfrage", „Helfersystem", „Lerntempoduett", „Placemat" und „Zielscheibe". Bei jeder Methode ist jeweils auch angegeben, welche Endgeräte verwendet werden können (Abb. 1). Im Folgenden wird exemplarisch der Einsatz der „Zielscheibe" beschrieben, die anderen Methoden funktionieren jedoch ähnlich intuitiv.
Mit Klick auf „Zielscheibe" öffnet sich der Editor. Hier können nun die zu bewertenden Aspekte eingetragen werden. Klickt man auf „Aspekte hinzufügen", können weitere Eingabefelder geöffnet werden, klickt man auf „Aspekte entfernen", werden Eingabefelder gelöscht. Darüber hinaus kann man die Anzahl der Bewertungsstufen festlegen und ein Passwort vergeben. Mit dem Passwort kann die Lehrkraft verhindern, dass die Schüler*innen später auf die Tafelansicht zugreifen (Abb. 2). Mit Klick auf „Erstellen" wird die Zielscheibe generiert. Die Schüler*innen geben nun auf ihren Endgeräten entweder die angezeigte URL ein (bzw. sie gehen auf https://oncoo.de/ und geben dann den angezeigten Code ein) oder sie scannen den angezeigten QR-Code. Mit Klick auf „Los geht's" wird die noch leere Zielscheibe geöffnet. Die Schüler*innen geben nun auf ihren Endgeräten ihre Bewertung ab. Mit Klick auf „Bewertung absenden" erscheint die Bewertung in Form von farbigen Punkten auf der Zielscheibe, parallel werden statistische Angaben zu jedem Aspekt angezeigt. Außerdem wird die Anzahl der Teilnehmer*innen angezeigt (Abb. 3). Die Tafelansicht kann von der Lehrkraft jederzeit wieder über die Startseite mit Eingabe des Codes und des Passworts aufgerufen werden.

Unterrichtsszenario

Die „Zielscheibe" kann z. B. am Ende einer Unterrichtseinheit genutzt werden, um anonymes Feedback zu mehreren Aspekten auf Basis einer mehrstufigen Skala einzuholen. Die anderen Methoden von ONCOO eignen sich, um Arbeitsprozesse zu koordinieren („Lerntempoduett"), um Gruppenarbeitsphasen zu unterstützen („Placemat"), um Ideen zu sammeln und zu strukturieren („Kartenabfrage") oder um Peer-to-Peer-Unterstützungssysteme zu etablieren („Helfersystem").

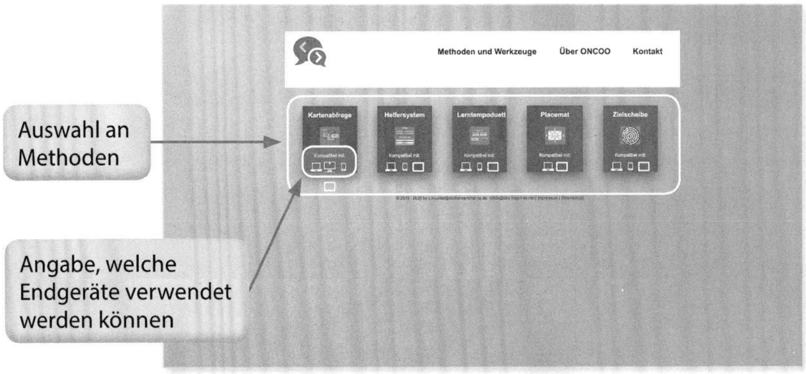

Abb. 1

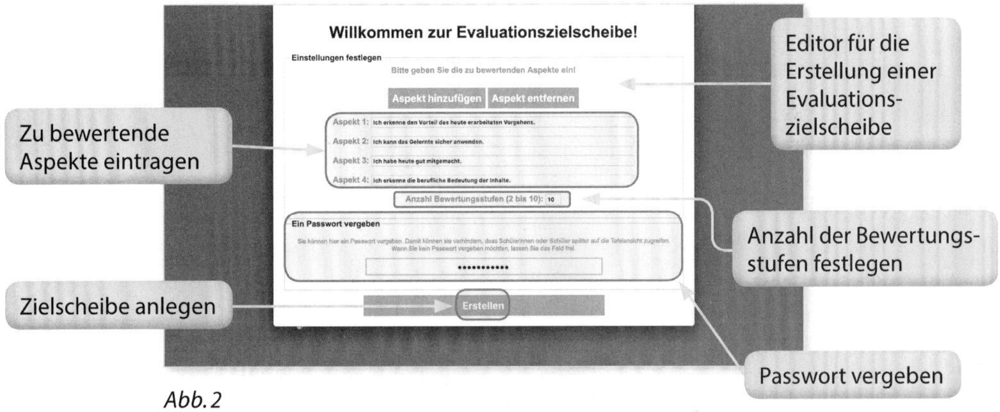

Abb. 2

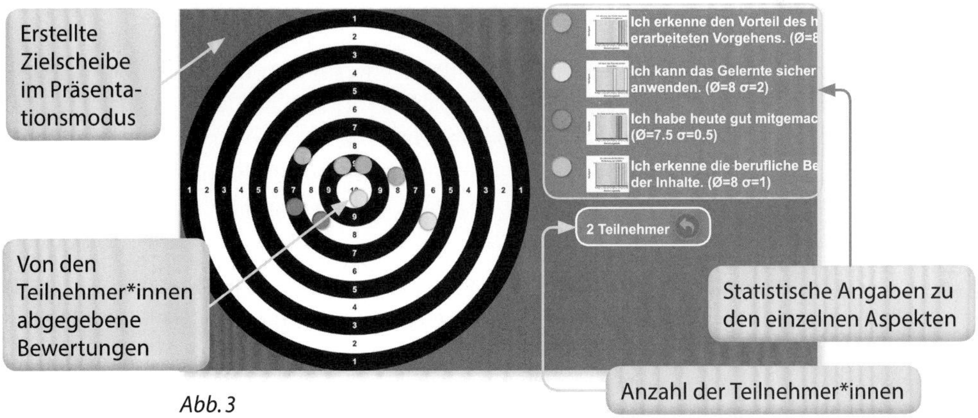

Abb. 3

Screenshots von https://oncoo.de/ [07.03.2020]
Olaf Müller, Thomas Rohde

Classroomscreen

alle Fächer 5–13

https://www.classroomscreen.com/classic/

Computer, Tablet, Smartphone, Beamer oder interaktives Whiteboard

keine Registrierung erforderlich

Beschreibung

Classroomscreen ist ein Tool, das verschiedene nützliche Funktionalitäten für das digitale Classroom Management bietet. Die Webseite wird z. B. über einen Beamer projiziert und kann dann wie eine interaktive Tafel bzw. ein interaktives Whiteboard genutzt werden, ohne dass dafür eine eigene Software gestartet werden muss. Der Arbeitsbereich ist übersichtlich gestaltet. In der Leiste am unteren Bildschirmrand stehen verschiedene Werkzeuge zur Auswahl. Von links nach rechts sind das: „Sprache" (Sprachwechsler, z. B. für den Fremdsprachenunterricht), „Hintergrund" (Ändern des Hintergrundbildes), „zufälliger Name" (Auswahl eines Namens aus der Klassenliste), „Lautstärke" (Lautstärkemesser), „qr" (QR-Code-Generator), „Zeichnung" (Zeichenoberfläche, die den ganzen Bildschirm einnimmt, und Zeichenoberfläche, die kleiner ist und wie eine Kachel angeordnet werden kann), „Text" (Textfeld, z. B. für Arbeitsaufträge), „Arbeitssymbole" (Anzeigen von Arbeitsphasen / Sozialformen: „Ruhe", „flüstern", „Partnerarbeit", „Gruppenarbeit"), „Ampel" (Lautstärkeampel), „Timer" (Stoppuhr) und „Uhr" (Abb. 1). Mit Klick auf eines der Symbole erscheint das jeweilige Tool als Widget auf dem Arbeitsbereich. Die Widgets können mit gedrückt gehaltener linker Maustaste verschoben und beliebig auf dem Arbeitsbereich platziert werden. Um eine Funktion wieder zu schließen, klickt man in der Leiste am unteren Bildschirmrand bei dem entsprechenden Symbol auf das kleine rote Kreuz. Einige Widgets können doppelt dargestellt werden (mit Klick auf das gelbe „+1" bei dem entsprechenden Symbol) (Abb. 1). Über die Buttons unten rechts kann der Classroomscreen als Vollbild angezeigt (unterster Button), die Werkzeugleiste ausgeblendet (mittlerer Button) oder ein Umfragetool in einem separaten Tab aufgerufen werden (oberster Button).

Unterrichtsszenario

Classroomscreen ist ein intuitiv bedienbares Tool, das in allen Fächern als multifunktionales Klassenmanagement-Werkzeug in Form einer interaktiven Tafel eingesetzt werden kann. So kann z. B. für eine Gruppenarbeit der Arbeitsauftrag visualisiert, über einen QR-Code Material für die Recherche oder für die Differenzierung bereitgestellt, über den Timer das Zeitmanagement und über die Lautstärkeampel die Lautstärke im Raum gesteuert werden.

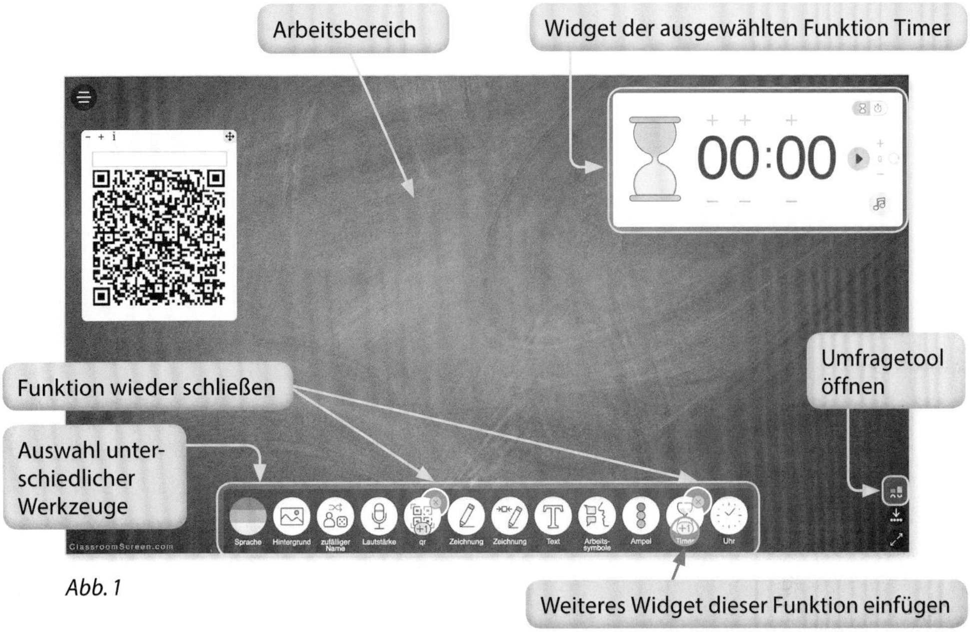

Abb. 1

Screenshot von https://www.classroomscreen.com/classic/ [01.03.2020]
Laurens Koopers

https://wheeldecide.com/

Computer, Tablet, Beamer oder interaktives Whiteboard

keine Registrierung erforderlich

Beschreibung

Wheeldecide ist ein Tool, mit dem Zufallsentscheidungen getroffen werden können. Auf der Startseite wird bereits ein Entscheidungsrad präsentiert. Scrollt man etwas weiter nach unten, kommt man zu dem „Wheel Builder“. Mithilfe dieser Eingabemaske kann man selbst ein Entscheidungsrad gestalten. Die einzelnen weißen Felder („Choices“) stehen jeweils für ein Feld auf dem Entscheidungsrad (Abb. 1). Sind die Felder gefüllt, muss noch der Titel des Rades (im Feld „Title“) festgelegt werden. Unter „Advanced Options“ können weitere Einstellungen, wie Farbe („Color Theme“) und Drehlänge des Rades („Seconds to Spin“), vorgenommen werden. Mit Klick auf „Apply Wheel Changes“ wird das Entscheidungsrad erstellt. Klickt man nun auf das Rad, beginnt es sich zu drehen. Hat das Rad gestoppt, wird die Zufallsentscheidung angezeigt (Abb. 2). Unter „Wheels“ (in der Leiste am oberen Bildschirmrand) können auch bereits erstellte Entscheidungsräder zu unterschiedlichen Kategorien ausgewählt werden. Möchte man das erstellte Entscheidungsrad speichern, muss man sich registrieren.

Unterrichtsszenario

Dieses kleine Tool kann sehr nützlich sein, wenn Entscheidungen per Zufall getroffen werden sollen, z. B. wenn entschieden werden muss, welche Gruppe nach einer Gruppenarbeitsphase ihre Ergebnisse präsentiert. Neben dem Spaßfaktor bietet Wheeldecide eine neutrale Entscheidung, die die Lehrkraft nicht manipulieren kann. Wenn es keine fachlichen oder pädagogischen Einwände gibt, warum nicht einfach das Entscheidungsrad entscheiden lassen?

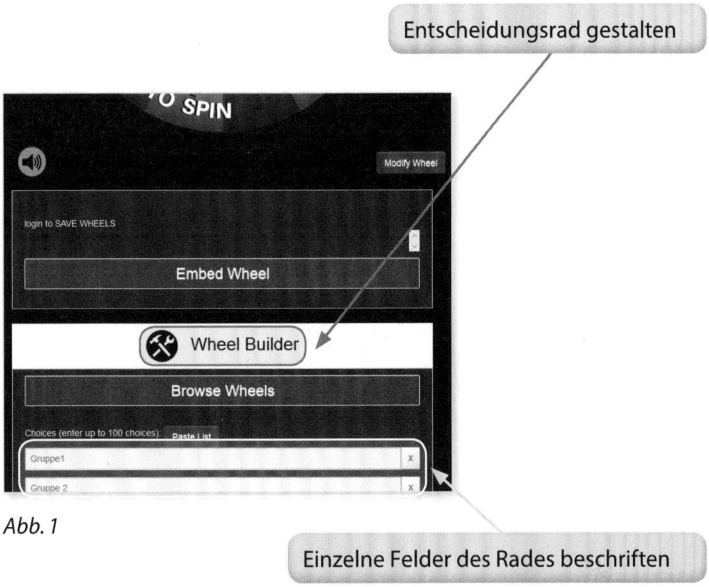

Abb. 1

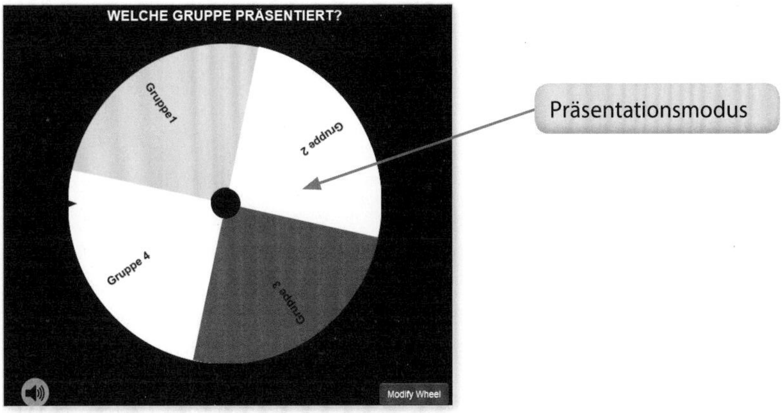

Abb. 2

Screenshots von https://wheeldecide.com/ [07.02.2016]
Wheel Decide

https://www.edugenerator.at/

Computer, Tablet

keine Registrierung erforderlich

Beschreibung

Mit dem EduGenerator lassen sich auf einfache Weise Organisationshelfer wie Wochenpläne, Urkunden, Namenskarten u. v. m. erstellen.
Hierzu wählt man auf der Startseite das gewünschte Dokument aus. Es werden jeweils Vorlagen vorgegeben, der Text kann individuell ergänzt werden. Über die grün umrandete Leiste unterhalb der Eingabefelder kann man in die verschiedenen Bereiche, die festgelegt werden müssen, wechseln. Bei dem Dokument „Wochenplan" sind dies z. B. „Titel", „Kopfbild" und „Arbeitsaufträge" (Abb. 1). Im Bereich „Arbeitsaufträge" kann die Lehrkraft die Arbeitsanweisungen eingeben (unter „Aufgaben") und den Aufgabentyp („Typ") sowie die „Sozialform", die dann auf dem Dokument mit entsprechenden Icons gekennzeichnet werden, auswählen. Auf der rechten Seite wird jeweils eine Vorschau angezeigt. Hat man alle Bereiche bearbeitet, kann man über den Button „PDF erstellen" (unten rechts) eine PDF-Datei anlegen, die dann abgespeichert und / oder ausgedruckt werden kann (Abb. 2). Sichern lässt sich das Dokument auf der Webseite direkt nur, wenn man sich registriert hat.

Unterrichtsszenario

Die mithilfe des EduGenerators erstellten Dokumente helfen, den Unterrichtsalltag zu organisieren, das Lernen gezielt zu steuern und die Motivation der Schüler*innen zu fördern. Die Arbeit mit Wochenplänen ist eine Möglichkeit, die Schüler*innen in ihrem eigenen Tempo arbeiten zu lassen. Die Lehrkraft gibt Aufgaben vor, differenziert ggf. nach Anforderungsniveaus und legt ein Datum fest, zu dem der Plan erfüllt sein muss. Während des Unterrichts unterstützt die Lehrkraft die einzelnen Schüler*innen bei der Bearbeitung des Plans und begleitet sie so beim Lernen.

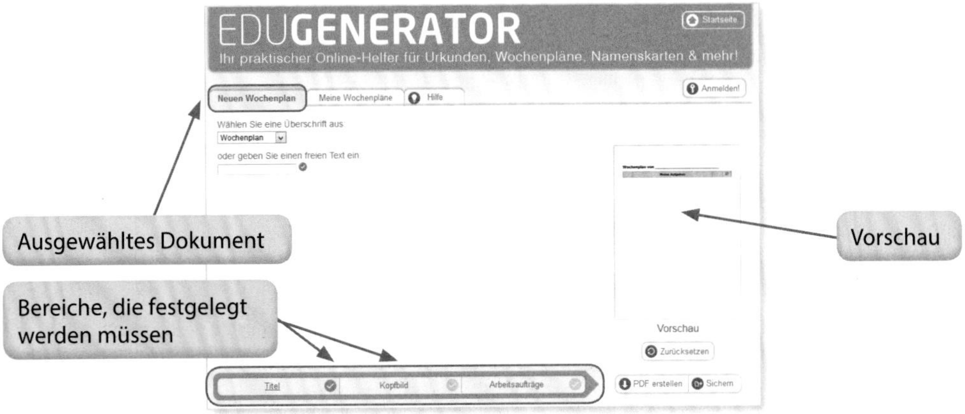

Abb. 1

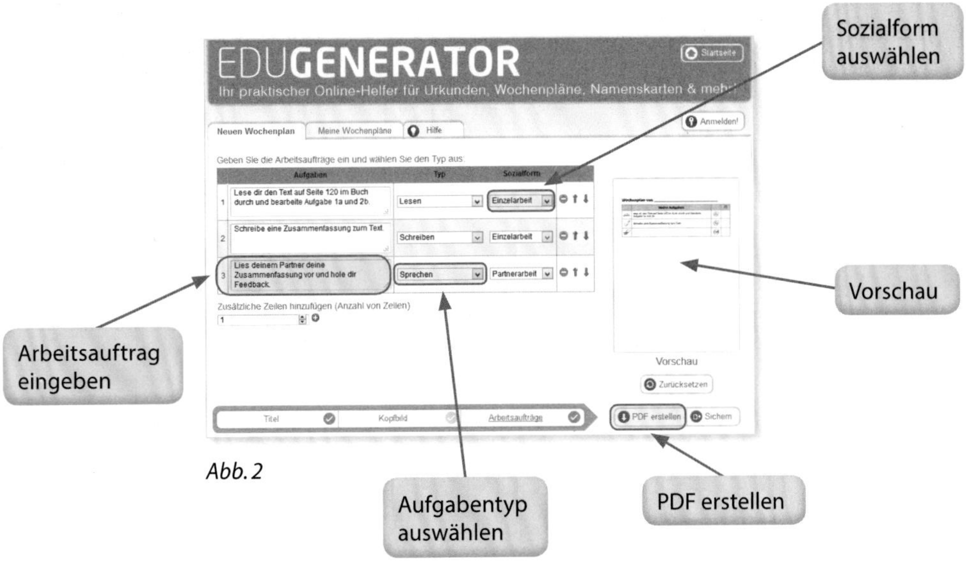

Abb. 2

Screenshots von https://www.edugenerator.at/ [07.02.2016]
Education Group GmbH

http://www.cambridgeenglishonline.com/Flashcard_maker/

Computer, Tablet

keine Registrierung erforderlich

Hinweis: Für die Verwendung dieses Tools wird der Adobe Flash Player benötigt.

Beschreibung

Das Tool Flashcard Maker hilft bei der Erstellung von Lernkarten bzw. Karteikarten, z. B. zum Vokabellernen.
Auf der Startseite werden vier verschiedene Formatvorlagen präsentiert (eine, zwei, vier oder acht Karteikarten auf einer DIN-A4-Seite) (Abb. 1). Mit Klick auf eine der Vorlagen öffnet sich der entsprechende Editor. Auf der linken Seite sieht man die Karteikarten, die gelb umrandete Karteikarte ist jeweils zur Gestaltung ausgewählt. Auf der rechten Seite findet man die verschiedenen Werkzeuge, um die jeweils ausgewählte Karteikarte zu gestalten. Man kann entweder Bilder aus der Bibliothek auswählen („Use image library") oder selbst ein Bild zeichnen („Draw your own image"), Texte eingeben („Text") oder eine phonetische Transkription einfügen („Phonetic script"). Mit Klick auf „Apply" (unten rechts) wird die auf der rechten Seite gestaltete Karteikarte in die Lernkarte auf der linken Seite integriert. Hat man alle Karteikarten gestaltet, kann die Lernkarte ausgedruckt werden („Print" in der untersten Leiste) (Abb. 2).

Unterrichtsszenario

Eine Lernkartei ist ein Hilfsmittel zum systematischen Lernen, insbesondere zum Vokabellernen. Die Lehrkraft kann die Karteikarten auch bereits zur Einführung neuer Vokabeln nutzen, wenn z. B. die neu einzuführenden Wörter mit einer Bildinformation kombiniert werden. Die Schüler*innen können auch selbst Karteikarten zu den neuen Vokabeln gestalten und somit die Wörter wiederholen und festigen.

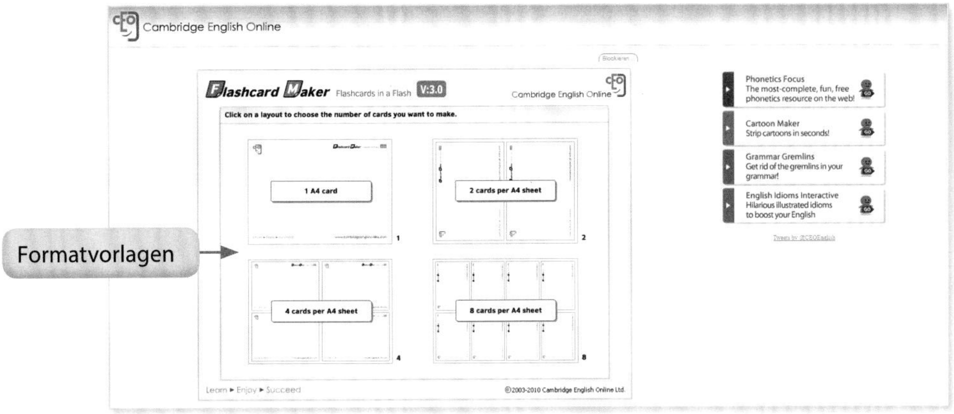

Abb. 1

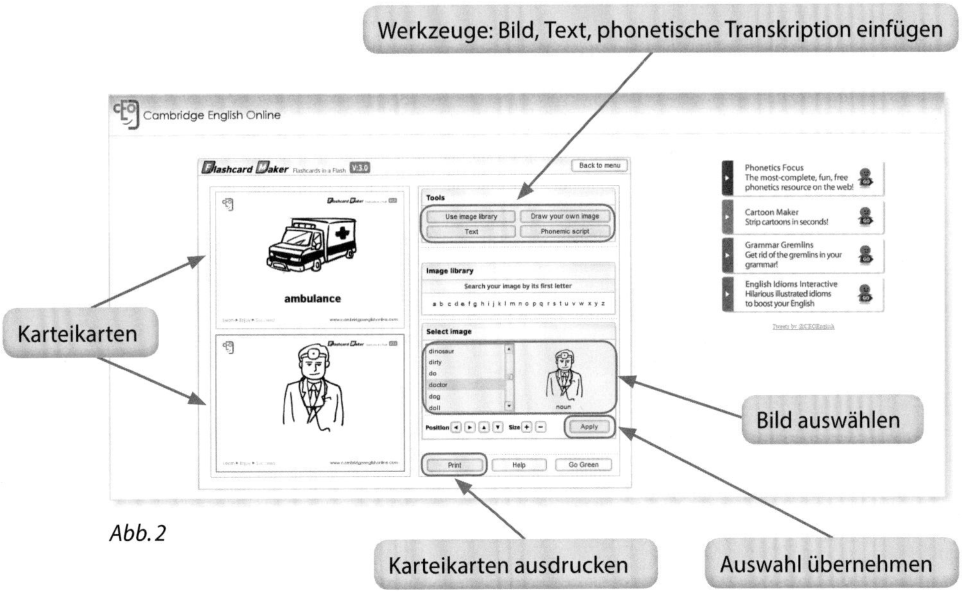

Abb. 2

Screenshots von http://www.cambridgeenglishonline.com/Flashcard_maker/ [07.02.2016]
Cambridge English Online Ltd.

http://lingofox.dw.com/

Computer, Tablet

keine Registrierung erforderlich

Beschreibung

Mit diesem Tool können Arbeitsblätter mit Übungsaufgaben für den Deutsch- und DaF/DaZ-Unterricht erstellt werden.
Auf der Startseite kann zwischen vier verschiedenen Übungsformaten ausgewählt werden: „Konjugator" (Verbtabelle erstellen), „Verbtrainer" (Konjugationsübung erstellen), „C-Test" (Lückentext erstellen) und „Schütteltext" (Schütteltext erstellen). Mit Klick auf das gewünschte Übungsformat gelangt man in den entsprechenden Editor, der bei allen Übungsformen sehr übersichtlich gestaltet und intuitiv bedienbar ist. Möchte man beispielsweise einen „C-Test" (d. h. einen Lückentext, bei dem die zweite Hälfte einiger Wörter fehlt) erstellen, gibt man in dem Editor den gewünschten Text in das Textfeld ein. Unter „Ausgabe" kann festgelegt werden, ob die Lücken nummeriert und die Lückenlängen erkennbar sein sollen. Unter „Abstände" kann die Anzahl der Lückenwörter festgelegt werden (Abb. 1). Mit Klick auf den blauen Button „Übungsblatt erstellen" (unten rechts) wird das Übungsblatt angelegt. Im oberen Teil findet sich der Lückentext, im unteren Teil die Lösung (Abb. 2). Beides kann nun entweder direkt ausgedruckt oder in ein anderes Dokument übertragen werden.

Unterrichtsszenario

LingoFox ist ein nützliches Tool v. a. für den Deutsch- und DaF/DaZ-Unterricht. Die Lehrkraft kann auf die Schnelle Konjugationstabellen und -übungen, Lücken- und Schütteltexte anlegen, die die Schüler*innen dann entsprechend bearbeiten können. Diese kleinen Übungen können regelmäßig im Unterricht eingesetzt werden.

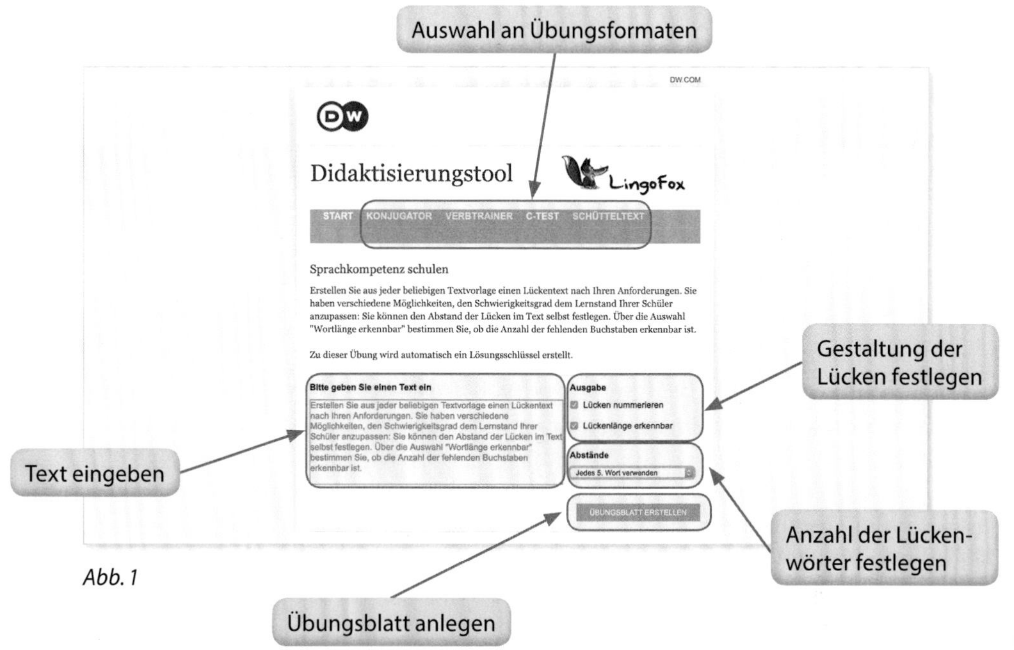

Abb. 1

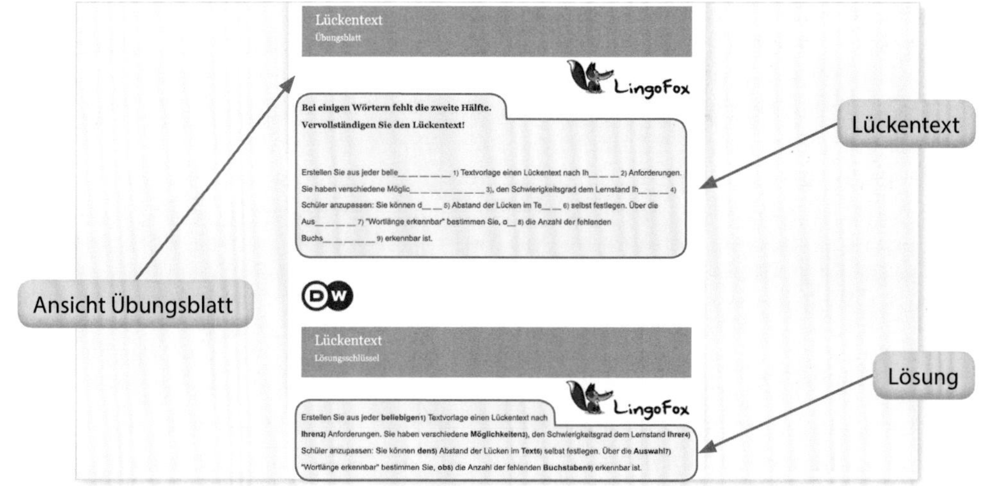

Abb. 2

Screenshots von http://lingofox.dw.com/ [07.03.2020]
Deutsche Welle, mit freundlicher Unterstützung der Firma Thierbach & Mertens GbR

http://www.goethe.de/lhr/prj/usg/deindex.htm

Computer, Tablet

keine Registrierung erforderlich

Beschreibung

Mit diesem Tool des Goethe-Instituts lassen sich auf einfache Weise Übungen des Typs „Lückentext“, „Überschriften oder Abschnitte zuordnen“ oder „Textabschnitte in die richtige Reihenfolge bringen“ erstellen.
Bereits auf der Startseite findet man das Texteingabefeld sowie unterschiedliche Auswahlmöglichkeiten zur Gestaltung der Übungen. Das Tool leitet dabei Schritt für Schritt durch die Erstellung der Übungen und gibt, wo nötig, entsprechende Beispiele vor. In einem ersten Schritt muss der gewünschte Text in das Textfeld eingegeben werden. Anschließend kann zwischen den drei Übungstypen „Lückentext“, „Überschriften oder Abschnitte zuordnen“ oder „Textabschnitte in die richtige Reihenfolge bringen“ gewählt werden. Je nach gewähltem Übungstyp muss der Text im Textfeld entsprechend angepasst werden. Bei der Aufgabenform „Lückentext“ müssen beispielsweise die Wörter oder Wortteile, die als Lücken erscheinen sollen, mit einem Doppelkreuz (#) gekennzeichnet werden (Abb. 1). Bei der Aufgabenform „Textabschnitte in die richtige Reihenfolge bringen“ muss jeweils der Anfang jedes Abschnitts mit einem Doppelkreuz (#) markiert werden. Das Programm ändert die Reihenfolge der Abschnitte nach dem Zufallsprinzip. Scrollt man weiter nach unten, findet sich am Ende der Seite der Button „Übungsblatt erstellen“. Klickt man auf den Button, öffnet sich eine neue Seite mit der erstellten Übung. Diese Seite kann nun entweder direkt ausgedruckt werden oder man kopiert die Aufgabe und fügt sie in Word ein, um sie dort ggf. weiter zu bearbeiten (z. B. Arbeitsanweisung, die automatisch eingefügt wird, anpassen) oder abzuspeichern (Abb. 2).

Unterrichtsszenario

Die drei hier angebotenen Übungstypen gehören zu dem Standardwerkzeug einer Lehrkraft. Gerade die Aufgabenform „Lückentext“ kann auf vielfältige Weise eingesetzt werden, z. B. um die Grammatik zu üben (bestimmte und unbestimmte Artikel als Lücken) oder um Wissen abzufragen (Fachbegriffe als Lücken). Die Aufgabenform „Überschriften oder Abschnitte zuordnen“ kann eingesetzt werden, um das Textverständnis zu trainieren, „Textabschnitte in die richtige Reihenfolge bringen“, um inhaltliche Zusammenhänge herauszuarbeiten.

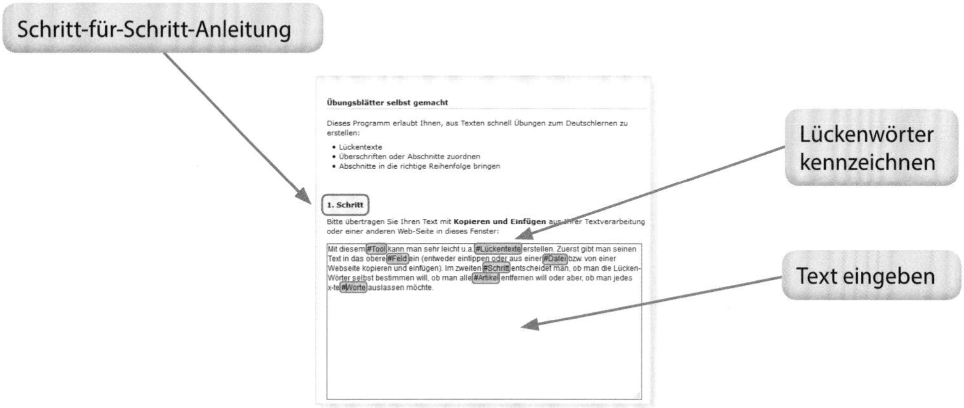

Abb. 1

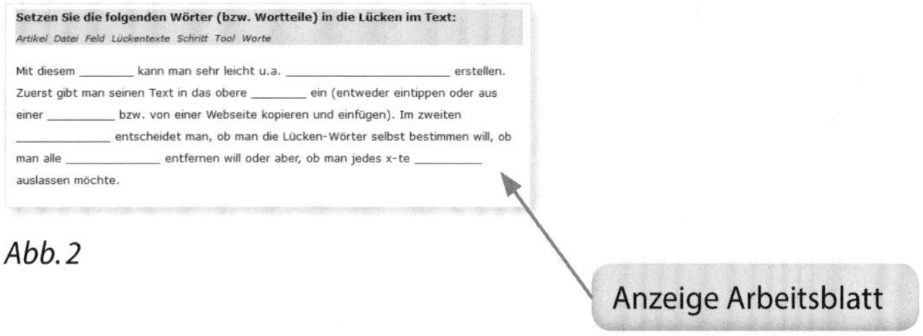

Abb. 2

Screenshots von http://www.goethe.de/lhr/prj/usg/deindex.htm [07.02.2016]
Goethe-Institut e. V.

https://www.quizdidaktik.de/lueckedit/

Computer, Tablet

keine Registrierung erforderlich

Beschreibung

Mit diesem Tool kann man schnell und einfach Lückentexte erstellen, die dann online bearbeitet werden können.
Der Editor ist sehr übersichtlich gestaltet. Auf der Startseite findet sich das große Texteingabefeld. Vor jedes Wort, das im Lückentext als Lücke dargestellt werden soll, muss ein Doppelkreuz (#) gesetzt werden (Abb. 1). Klickt man auf den blauen Button „Lückentext erzeugen oder aktualisieren" direkt unterhalb des Textfeldes, wird direkt unter den blauen Buttons eine Vorschau des Lückentextes angezeigt. Ist man mit der Version zufrieden, kann der Lückentext mit Klick auf den blauen Button „Speichern" als HTML-Dokument gespeichert (Abb. 1) und anschließend direkt im Browser geöffnet und bearbeitet werden. Sind alle Lücken gefüllt, kann die Lösung mit Klick auf den blauen Button „Überprüfen" überprüft werden (Abb. 2). Es wird jeweils angezeigt, ob die Lücke richtig (grün) oder falsch (rot) gefüllt wurde. Bei einer falschen Eingabe wird auch gleich die richtige Lösung angezeigt.

Unterrichtsszenario

Die Aufgabenform „Lückentext" kann im Grunde in jedem Fach auf vielfältige Weise eingesetzt werden, z. B. zum Vokabel- oder Grammatiktraining im Fremdsprachenunterricht oder um Wissen abzufragen (Fachbegriffe als Lücken). Die Lehrkraft kann den Link der von ihr erstellten Übung kopieren und an die Schüler*innen weiterleiten. Die Schüler*innen können ihre Lückenwörter nach der Eingabe überprüfen und erhalten sofort eine Rückmeldung. Sie können aber auch selbst Lückentexte erstellen und die Aufgaben dann von den Mitschüler*innen bearbeiten lassen.

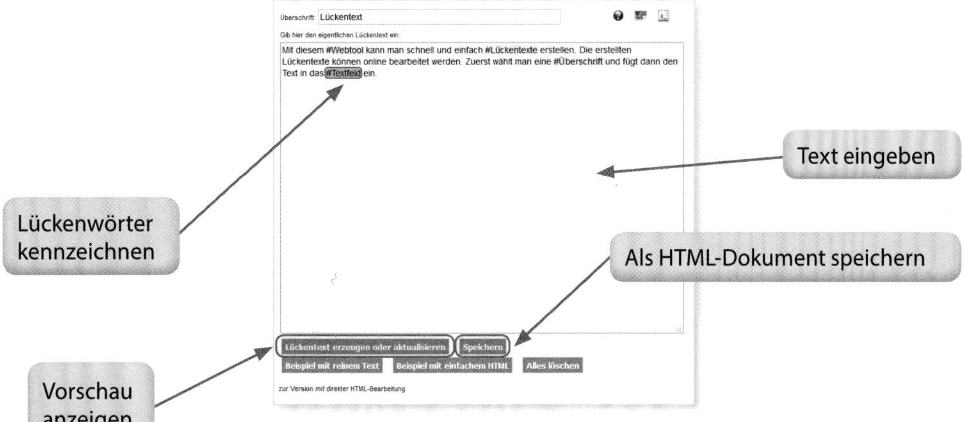

Abb. 1

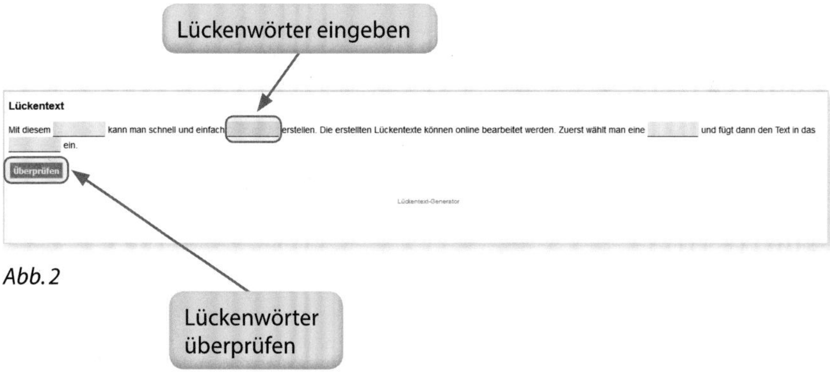

Abb. 2

Screenshots von https://www.quizdidaktik.de/lueckedit/ [07.02.2016]
Joachim Jakob

http://goqr.me/de/

Computer, Tablet, Smartphone

keine Registrierung erforderlich

Beschreibung

Mit diesem Tool kann man digitale Informationen in einen QR-Code umwandeln, die dann wiederum mithilfe eines QR-Code-Readers ausgelesen werden können. QR-Code-Reader gibt es als kostenlose App für das Smartphone.
Auf der Startseite findet man oben links verschiedene Buttons, beispielsweise für URL, Text, vCard, Geolocation oder Event. Klickt man auf einen der Buttons (z. B. das Globus-Symbol, wenn eine Webadresse in einen QR-Code umgewandelt werden soll), öffnet sich mittig die entsprechende Eingabemaske. Hier kann nun die Information, die man verschlüsseln möchte, eingegeben werden. Der QR-Code wird dabei automatisch erzeugt und auf der rechten Seite als Vorschau angezeigt. Hat man alle benötigten Informationen eingegeben, kann der QR-Code entweder heruntergeladen (Button „Herunterladen" direkt unter der Vorschau des QR-Codes) oder direkt in eine Webseite eingebettet werden (Button „Einbetten") (Abb. 1). Klickt man auf „Herunterladen", werden verschiedene Formate angeboten. Möchte man den QR-Code in ein Arbeitsblatt einfügen, wählt man am besten eine Bilddatei (png oder jpeg) aus (Abb. 2).
Scannt man nun den QR-Code mithilfe eines QR-Code-Readers, wird man direkt zu der entsprechenden Information, z. B. zu der eingegebenen Webseite, weitergeleitet.

Unterrichtsszenario

Mit QR-Codes schafft man auf einfache Weise eine Verbindung zwischen Arbeitsblatt und Internet. So können Arbeitsblätter mit medialen Inhalten, z. B. themenbezogenen Webinhalten, Erklärvideos oder Audiodateien, „verlinkt" und angereichert werden. Darüber hinaus können QR-Codes auch gut für Internet-Rallyes eingesetzt werden.

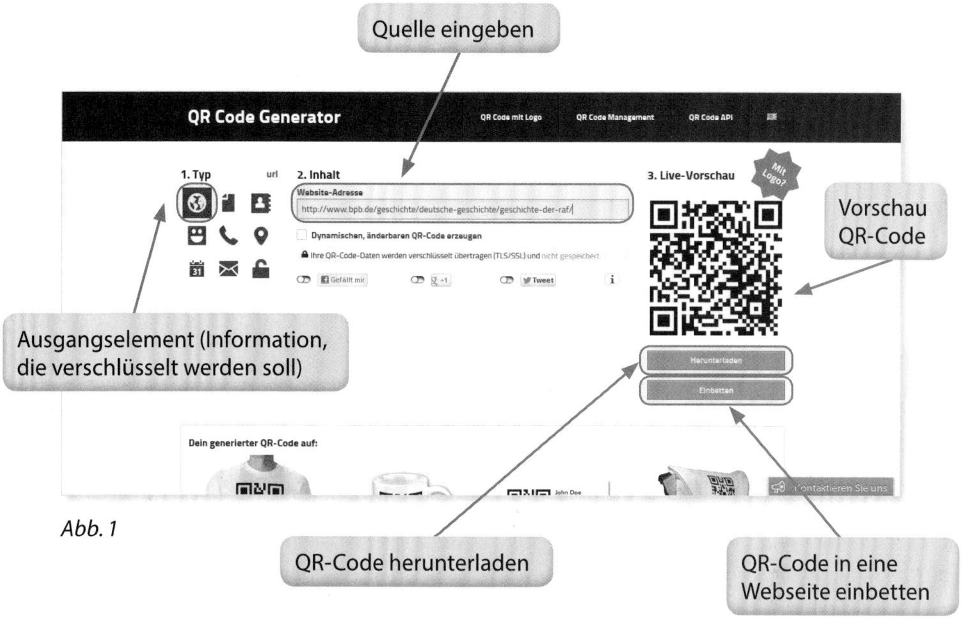

Abb. 1

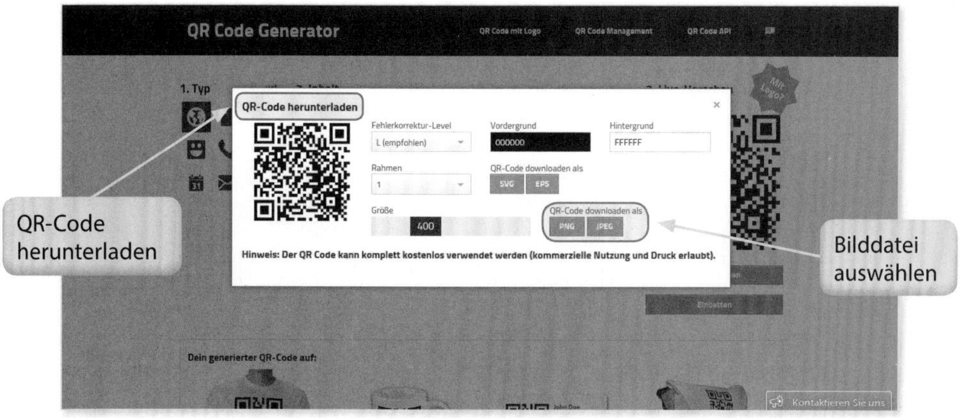

Abb. 2

Screenshots von http://goqr.me/de/ [31.12.2015]
Foundata GmbH

https://quizlet.com/

Computer, Tablet, Smartphone

Registrierung erforderlich

Beschreibung

Mit Quizlet lassen sich Lernsets erstellen, mit deren Hilfe verschiedene spielerische Übungen und Tests durchgeführt werden können.
Um das Tool nutzen zu können, muss man sich zunächst registrieren (Button oben rechts). Ist man eingeloggt, kann mit Klick auf „Suchen" (in der Leiste am oberen Bildschirmrand) nach bereits vorhandenen Lernsets zu einem Thema gesucht werden. Hat man das gewünschte Lernset ausgewählt, erscheint in der Mitte des Bildschirms eine virtuelle Lernkarte mit einer Frage bzw. einem Begriff („Karteikarten"). Mit Klick auf die Karte kann diese umgedreht werden und es erscheint die Antwort bzw. die Definition des Begriffs. Über die kleinen Pfeile unterhalb der Lernkarte kann man zur nächsten Karte wechseln. Über die Buttons in der Leiste darunter kann das Lernset zu eigenen Kursen und Ordnern hinzugefügt (Plus-Button), angepasst (Blätter-Button) oder geteilt werden (Pfeil-Button). Weitere Möglichkeiten (z. B. drucken oder einbetten) verbergen sich hinter dem Button mit den drei Punkten (Abb. 1). Links neben der Lernkarte können verschiedene Lern- und Spielmodi ausgewählt werden (im Bereich „Lernen": „Karteikarten", „Lernen", „Antworten", „Schreiben" und „Testen"; im Bereich „Spielen": „Zuordnen", „Schwerkraft" und „Live"). Möchte man ein eigenes Lernset erstellen, klickt man in der Leiste am oberen Bildschirmrand auf „Erstellen" (Abb. 1). Ist der Editor geladen, muss zunächst der Titel des Lernsets sowie eine Beschreibung eingegeben werden. Zudem kann man festlegen, für wen das Lernset sichtbar sein soll und wer es bearbeiten darf. Direkt darunter finden sich die Eingabemasken für die einzelnen Lernkarten („Begriff" und „Definition"). Mit Klick auf „Bild" kann jeder Lernkarte ein Bild hinzugefügt werden. Hat man alle Lernkarten angelegt, kann das Lernset mit Klick auf „Erstellen" (oben rechts) erstellt werden (Abb. 2).
Tipp: Eine Besonderheit ist „Quizlet Live": Über diesen Modus können Teams in Echtzeit gegeneinander antreten. Hierfür sollte aber eine Projektionsmöglichkeit vorhanden sein.

Unterrichtsszenario

Quizlet lässt sich im Grunde in jedem Fach zum Lernen und Üben von Vokabeln, Fachbegriffen oder Fakten einsetzen. Das klassische Lernen mit Karteikartensystem kann mit diesem Tool spielerisch und motivierend gestaltet werden.

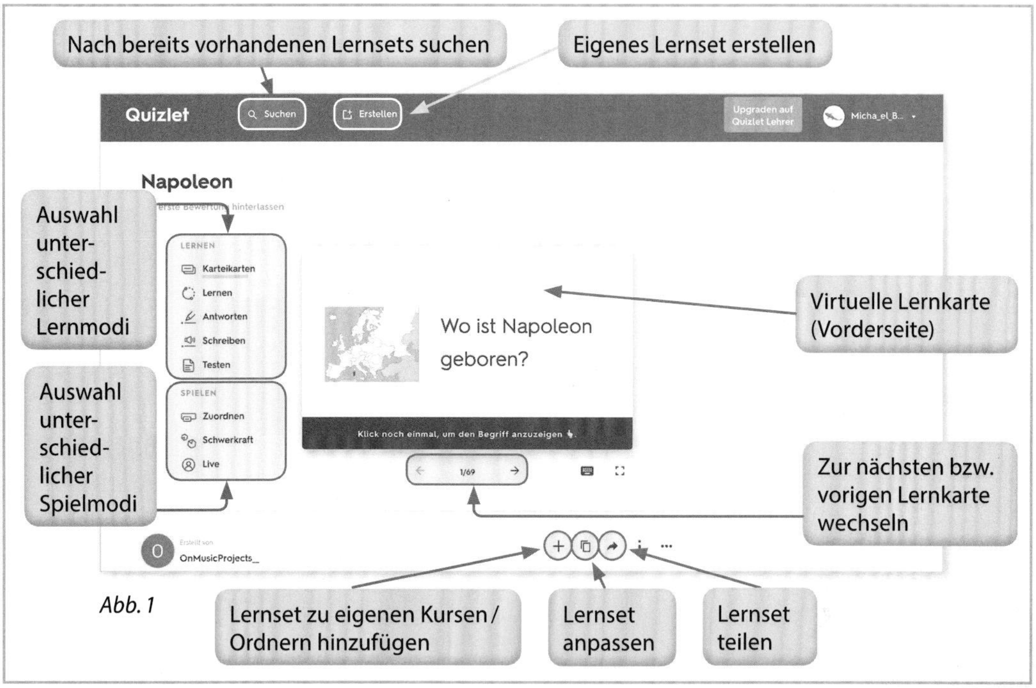

Abb. 1

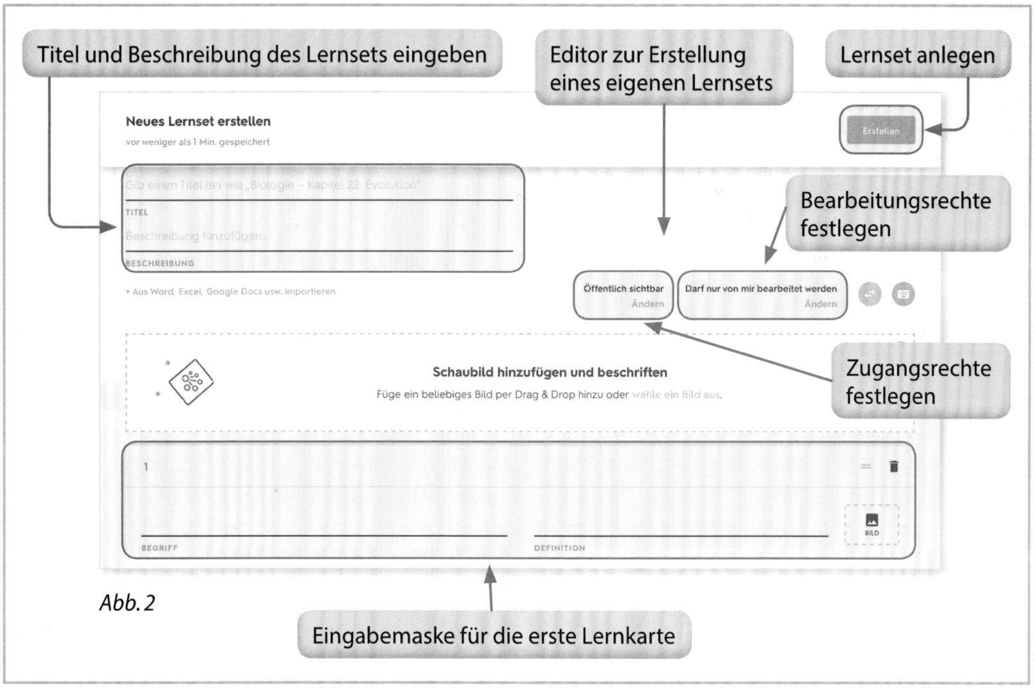

Abb. 2

Screenshots von https://quizlet.com/ [07.03.2020]
Quizlet Inc.

https://www.tutory.de/

Computer, Tablet

Registrierung erforderlich

Beschreibung

Mit Tutory kann man schnell professionell gestaltete Arbeitsblätter erstellen, die dann als OER (Open Educational Resources) auch anderen Nutzer*innen zur Verfügung gestellt werden können.
Um mit Tutory arbeiten zu können, muss man sich zunächst registrieren („Registrieren"). Ist man eingeloggt, kann man entweder nach bereits erstellten Arbeitsblättern suchen (unter „Entdecken" in der Spalte am linken Bildschirmrand) – die Such- und Filterfunktion in der Leiste am oberen Bildschirmrand erleichtert dabei die Suche – oder selbst ein Arbeitsblatt erstellen (Button „Neues Dokument erstellen" in der Spalte am linken Bildschirmrand) (Abb. 1). Klickt man auf den Button „Neues Dokument erstellen", muss man zunächst den Titel des Arbeitsblattes eingeben und das Dokument einem Fach und einer Klassenstufe zuordnen. Dann öffnet sich der eigentliche Editor. In der Spalte am linken Bildschirmrand können unterschiedliche Bausteine (z. B. „Aufgabenstellung", „Informationstext", „Lückentext", „Bild", „Tabelle") ausgewählt und per Drag-and-drop auf das Arbeitsblatt in der Mitte des Bildschirms gezogen werden. Mit Doppelklick auf das ausgewählte Element im Arbeitsblatt öffnet sich auf der rechten Bildschirmseite eine Spalte, in der das Element nun bearbeitet werden kann (Abb. 2). Alle Änderungen werden fortlaufend automatisch gespeichert. Über die Menüleiste am oberen Bildschirmrand können Änderungen rückgängig gemacht oder wiederhergestellt (Pfeile-Buttons) oder aber die Eigenschaften des Arbeitsblattes bearbeitet werden. Mit Klick auf „PDF" wird ein PDF-Dokument des Arbeits- und des Lösungsblattes erstellt. Klickt man auf den „cc"-Button, bietet sich die Möglichkeit, das Arbeitsblatt zu veröffentlichen. Hierzu müssen jedoch die Elemente lizensiert werden (Abb. 2). Von den unter „Entdecken" bereits veröffentlichten Arbeitsblättern kann eine private Kopie („Aktionen" → „Private Kopie erstellen") angelegt werden, die dann beliebig bearbeitet werden kann. In der Gratis-Version können sechs Materialien privat gespeichert werden.

Unterrichtsszenario

Arbeitsblätter sind das Standardwerkzeug einer jeden Lehrkraft und werden in nahezu jedem Fach zum Erarbeiten, Üben und Wiederholen eingesetzt. Tutory erleichtert das oft mühsame Erstellen der Arbeitsblätter. Zudem können die Inhalte mit anderen Lehrkräften geteilt werden.

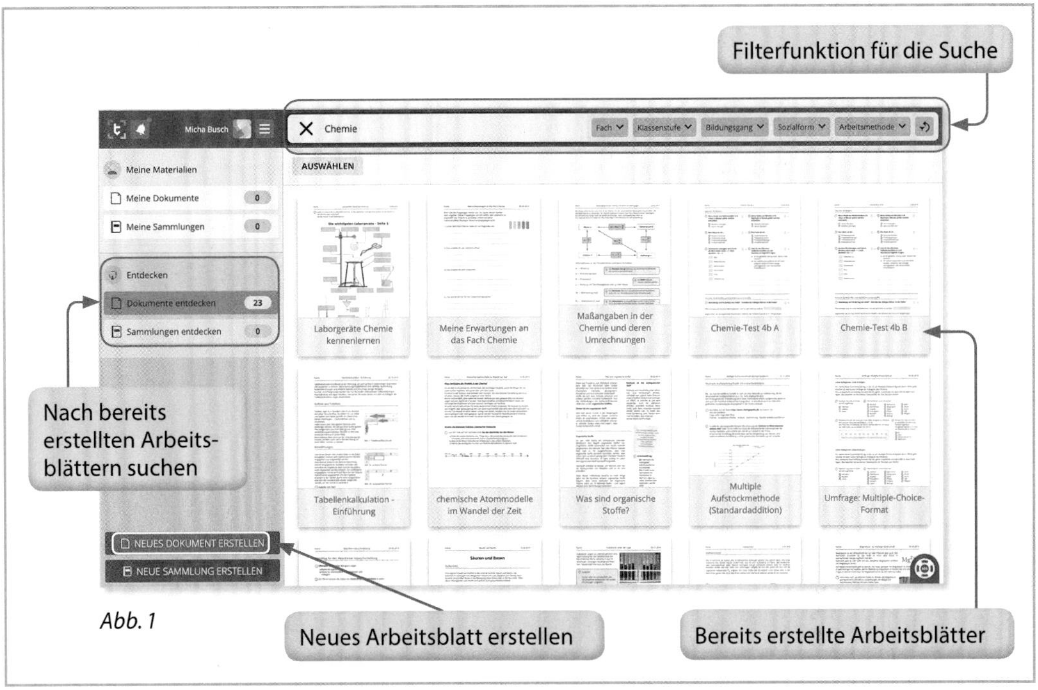

Abb. 1

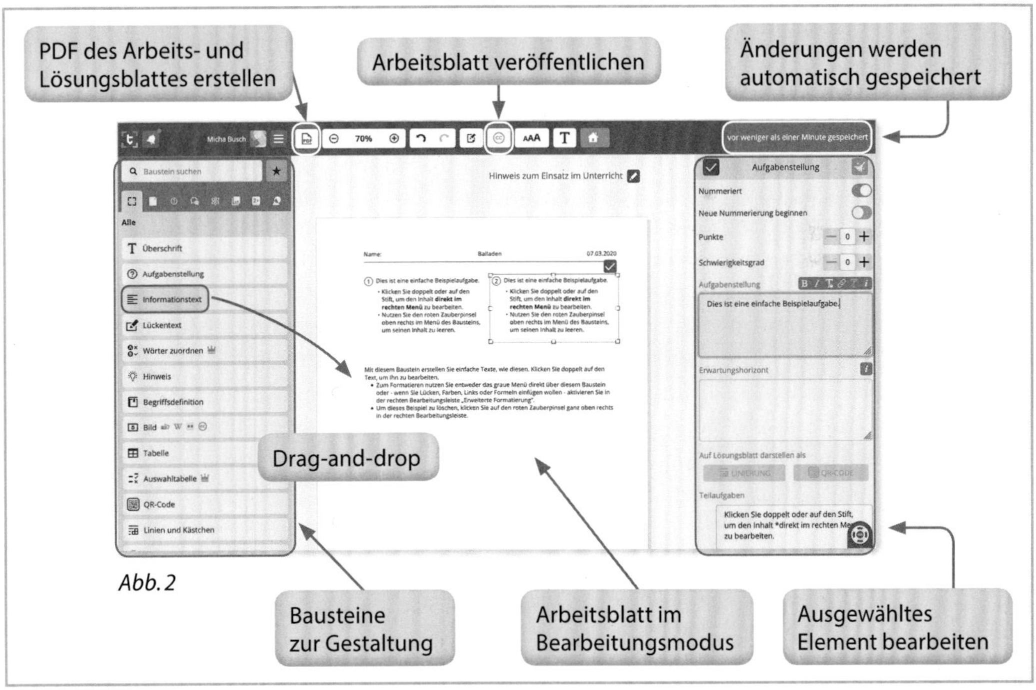

Abb. 2

Screenshots von https://www.tutory.de/ [07.03.2020]
Tutory UG

https://www.learningsnacks.de/

Computer, Tablet, Smartphone

keine Registrierung erforderlich (um bereits erstellte Übungen auszuprobieren), Registrierung erforderlich (um Übungen zu erstellen)

Beschreibung

Learning Snacks ist ein Tool, mit dem man Übungen im Stil eines Messenger-Chats erstellen kann.
Auf der Startseite findet sich eine Auswahl an bereits erstellten Übungen. Mit Klick auf das Lupen-Symbol in der Menüleiste am oberen Bildschirmrand (dritter Button von rechts) kann man die Übungen sortieren, Kategorien auswählen oder einen Suchbegriff eingeben. Hat man sich für eine Übung entschieden, genügt ein Klick auf das Kästchen und der Chat öffnet sich; über das Symbol unterhalb kann die Übung geteilt werden (Abb. 1). Im Chat klickt man sich über den „weiter"-Button am rechten Rand des Chatfensters durch die Übung. Es wechseln sich Erklärungen mit Multiple-Choice-Fragen und einer Rückmeldung zur Beantwortung der Fragen ab (Abb. 2).
Möchte man eigene Übungen erstellen, muss man sich registrieren („Login" auf der Startseite oben rechts). Ist man eingeloggt, lässt sich mit Klick auf das Plus-Zeichen in der Menüleiste am oberen Bildschirmrand der Editor zur Erstellung eigener Übungen öffnen (Abb. 1). In der pinken Leiste oberhalb des Chatfensters stehen die Elemente „Text / Frage", „Antworten", „Bild", „Bild / Antworten" zur Auswahl. Diese Elemente können nach Belieben per Klick in den Chatverlauf eingefügt werden. Es öffnet sich ein Fenster, das je nach ausgewähltem Element entsprechend gefüllt werden muss. Mit Klick auf „speichern" wird das Element in den Chatverlauf übernommen. Über das Zahnrad-Symbol in der unteren rechten Ecke können verschiedene Einstellungen (z. B. Sichtbarkeit oder Kategorie) vorgenommen werden. Über das Teilen-Symbol in der linken Spalte kann die Übung geteilt werden (Abb. 3).
Tipp: Über die Klassenzimmer-Funktion (auf der Startseite Button „Klassenzimmer" in der Menüleiste am oberen Bildschirmrand) können auch Schüler*innen Snacks erstellen, ohne sich dafür registrieren zu müssen (Abb. 1).

Unterrichtsszenario

Learning Snacks eignet sich für unterschiedliche Einsatzszenarien: Die Übungen können zu Beginn einer Stunde als Wiederholung, im Stundenverlauf als kleine Auflockerung oder am Ende einer Stunde zur Wissensüberprüfung eingesetzt werden. Die Lehrkraft kann dabei auf eine Vielzahl an bereits zur Verfügung stehenden Übungen zurückgreifen oder selbst einfach und schnell einen passenden Chat erstellen.

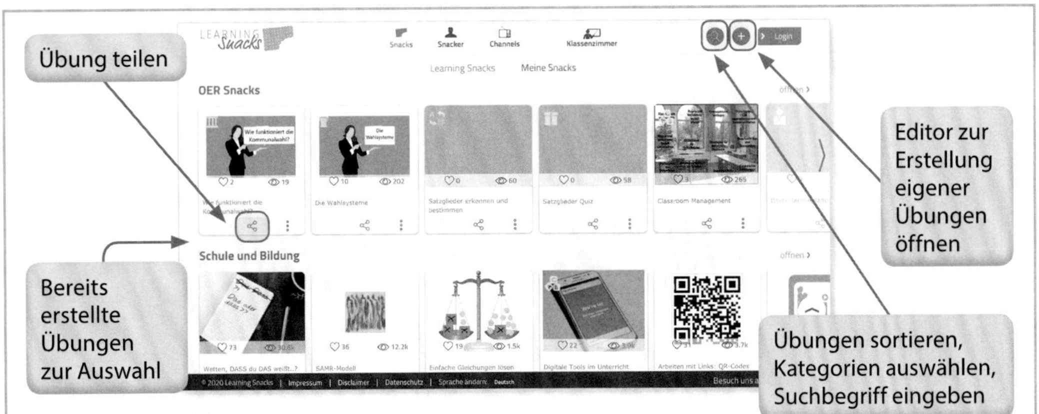

Abb. 1

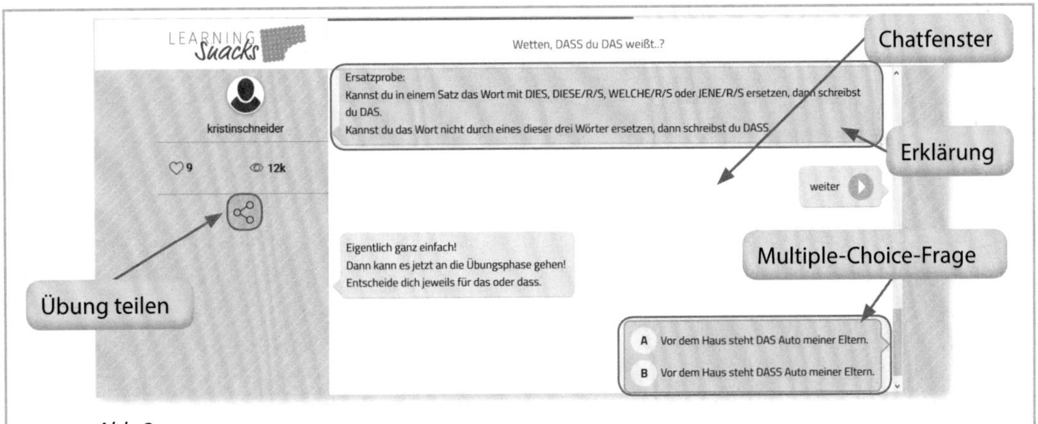

Abb. 2

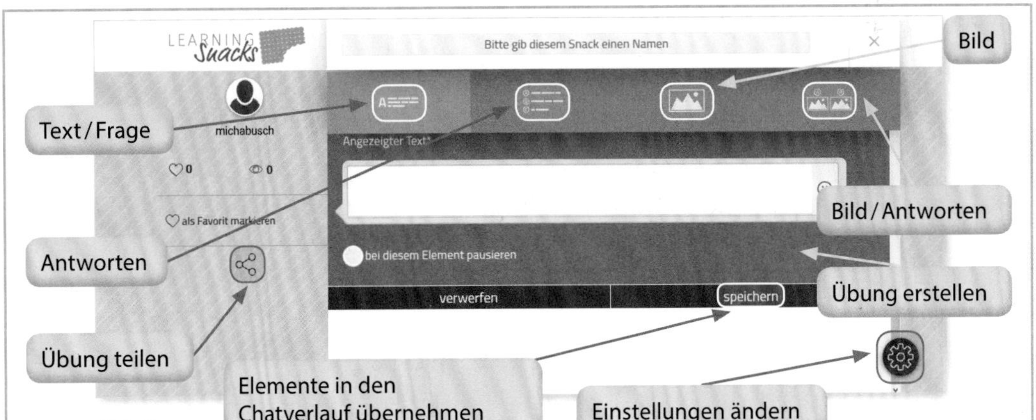

Abb. 3

Screenshots von https://www.learningsnacks.de/ [07.03.2020]
Learning Snacks GmbH

https://www.xwords-generator.de/de

Computer, Tablet

keine Registrierung erforderlich

Beschreibung

Mit XWords kann man auf einfache Weise ansprechende Kreuzworträtsel erstellen. Bereits auf der Startseite können die gewünschten Fragen sowie die Antworten auf die Fragen in die entsprechenden Textfelder eingegeben werden. Es muss sich dabei um konkrete Wissensfragen mit nur einer Antwortmöglichkeit handeln (z. B. „Wie heißt die Hauptstadt von Norwegen?“ oder „Hauptstadt Norwegens“). Je mehr Fragen man eingibt, desto komplexer wird das Kreuzworträtsel. Als Option können auch Lösungswörter eingegeben werden (Textfeld „Lösung“). Über „Zusätzliche Optionen“ (direkt unter „Lösung“) kann das Layout des Rätsels angepasst werden (z. B. Hintergrundfarbe oder Schriftart). Mit Klick auf „Rätsel generieren“ wird das Kreuzworträtsel erstellt (Abb. 1). Das erstellte Rätsel kann nun entweder im SVG- oder PNG-Format gespeichert („SVG exportieren“ oder „PNG exportieren“) und dann z. B. ausgedruckt werden (Abb. 2). Direkt unter dem Rätsel wird die Lösung angezeigt, die ebenfalls gespeichert werden kann (Abb. 3). Möchte man das Rätsel online speichern, veröffentlichen, teilen oder direkt auf einer Webseite einbetten, sodass das Rätsel online gelöst werden kann, muss man sich registrieren.

Unterrichtsszenario

Kreuzworträtsel sind ein beliebtes Mittel, um auf spielerische Weise Wissen abzufragen. Sie können zur Auflockerung im Unterricht selbst eingesetzt werden oder eine sinnvolle Beschäftigung für schnellere Schüler*innen sein.

In Vertretungsstunden können die Schüler*innen auch selbst Kreuzworträtsel zu dem Themenkomplex der letzten Unterrichtsstunde erstellen, die dann entweder gemeinsam oder von den Mitschüler*innen gelöst werden. Man kann die Schüler*innen aber auch einen Sachtext oder einen kurzen literarischen Text in ein Kreuzworträtsel umwandeln lassen und so auf kreative Weise das Textverständnis überprüfen.

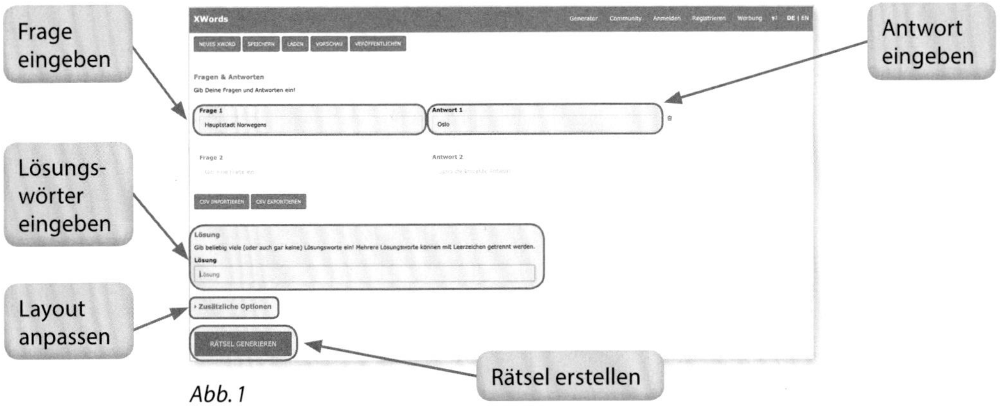

Abb. 1

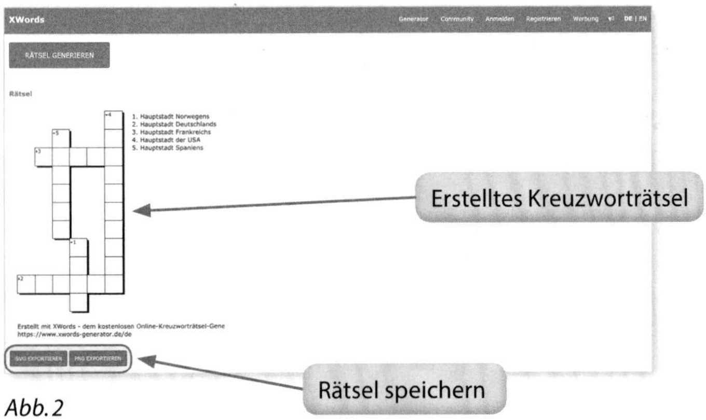

Abb. 2

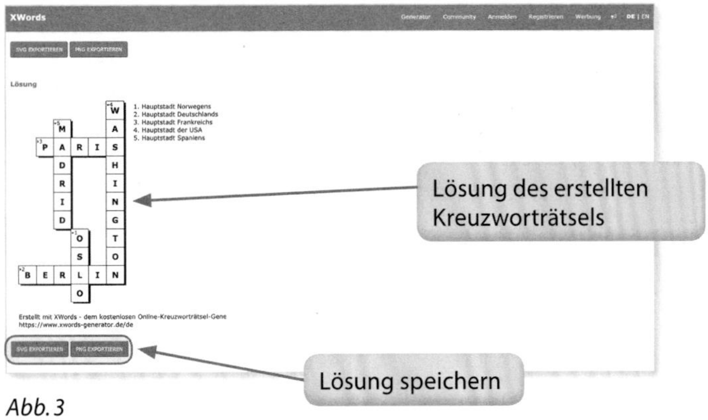

Abb. 3

Screenshots von https://www.xwords-generator.de/de [01.03.2020]
Advitum.de, Lars Ebert

https://www.dict.cc/

Computer, Tablet, Smartphone

keine Registrierung erforderlich

Beschreibung

dict.cc ist ein Online-Wörterbuch, das die Übersetzung in eine Vielzahl von Sprachen ermöglicht.
Hierzu gibt man auf der Startseite in das Suchfeld direkt neben dem dict.cc-Logo den Begriff ein, der übersetzt werden soll. Über das Drop-down-Menü unterhalb der Suchleiste kann die Sprache ausgewählt werden – die Standardeinstellung ist Deutsch – Englisch / Englisch – Deutsch (Abb. 1). Mit Klick auf „Suche" werden die Suchergebnisse angezeigt, jeweils nach Wortarten sortiert. An oberster Stelle werden die direkten Treffer angezeigt, darunter die verschiedenen Kollokationen. Klickt man auf das Lautsprecher-Symbol neben dem Wort, wird das Wort von einem*einer Muttersprachler*in vorgesprochen (Lautsprecher müssen aktiviert sein). Liegen mehrere Aufnahmen zu dem Wort vor, kann man zwischen den verschiedenen Aussprachen wählen (z. B. britische oder amerikanische Aussprache). Klickt man auf den Info-Button neben dem Wort, kann man z. B. Korrekturen vorschlagen (Abb. 2). Mit Doppelklick auf eine der Übersetzungen in der Trefferliste wird eine Rückübersetzung in die Ausgangssprache angezeigt.

Unterrichtsszenario

Ein Online-Wörterbuch kann eine sinnvolle Unterstützung für den Fremdsprachenunterricht sein. Die Schüler*innen können damit selbstständig arbeiten, während sie Texte lesen, übersetzen und schreiben oder Aufgaben bearbeiten. Zudem können sie sich die Aussprache neuer, unbekannter Wörter anhören und sich Beispiele ansehen, wie das Wort verwendet werden kann. Es empfiehlt sich, dass die Schüler*innen die App (inklusive Sprachpaket) herunterladen, da diese auch offline funktioniert.

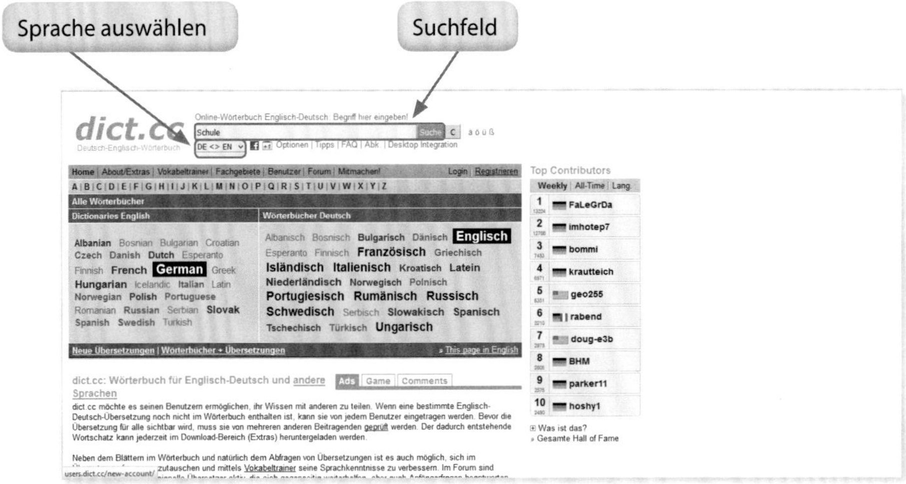

Abb. 1

Abb. 2

Screenshots von https://www.dict.cc/ [07.02.2016]
dict.cc GmbH

https://www.geoguessr.com/

Computer, Tablet, Smartphone

keine Registrierung erforderlich

Beschreibung

GeoGuessr ist ein Erkundungsspiel, bei dem man an irgendeinem zufällig gewählten Ort auf der Erde (virtuell) ausgesetzt wird. Aufgabe ist es, herauszufinden, wo man sich befindet.
Um in den frei nutzbaren Spielmodus zu gelangen, klickt man auf der Startseite in dem Feld „Try GeoGuessr Free" (direkt unter den beiden Spielmodi „World" und „Famous Places", für die man sich registrieren muss) auf „Play for free". Auf der nächsten Seite wählt man nochmals „Play free" (unter „Free Version"). Anschließend wird eine Umgebung geladen und man findet sich an einem willkürlich gewählten Ort wieder. Das kann ein urbaner Raum oder auch eine naturbelassene Landschaft sein. Mit Klick auf die Pfeile kann man sich in der Landschaft bewegen und geografische Merkmale erkunden oder kulturelle Artefakte (z. B. Straßenschilder, Autos, Läden) analysieren. Die Kompassnadel (erster Button von oben am linken Bildschirmrand) gibt die Ausrichtung an. Über den Plus- und Minus-Button (unten links) kann man weiter in die Karte hinein- bzw. wieder aus der Karte herauszoomen. Mit Klick auf die Fahne (direkt über dem Plus- und Minus-Button) kommt man wieder zurück zu dem Ausgangspunkt (Abb. 1). Möchte man einen Tipp abgeben, wo man sich befindet, geht man auf die Weltkarte am unteren rechten Bildschirmrand und klickt mit dem Fadenkreuz auf den entsprechenden Ort in der Weltkarte. Mit Klick auf „Guess" (Button direkt unter der Karte) wird der Tipp ausgewertet (Abb. 1). Es wird angezeigt, wie weit man von dem tatsächlichen Ort entfernt ist und wie viele Punkte man mit dem Tipp erspielt hat. Je näher man am tatsächlichen Ort ist, desto mehr Punkte gibt es (Abb. 2). Klickt man auf den grünen Button „Play next round" (direkt unter der Punkteskala), wird die nächste Landschaft angezeigt. Ein Spiel geht über fünf Runden.

Unterrichtsszenario

GeoGuessr ist eine ansprechende und motivierende Auflockerung für den Erdkundeunterricht. Man kann zusammen mit der Klasse spielen und die Ortsvorschläge jeweils begründen lassen oder auch zwei oder mehrere Teams bilden, die gegeneinander antreten.

Abb. 1

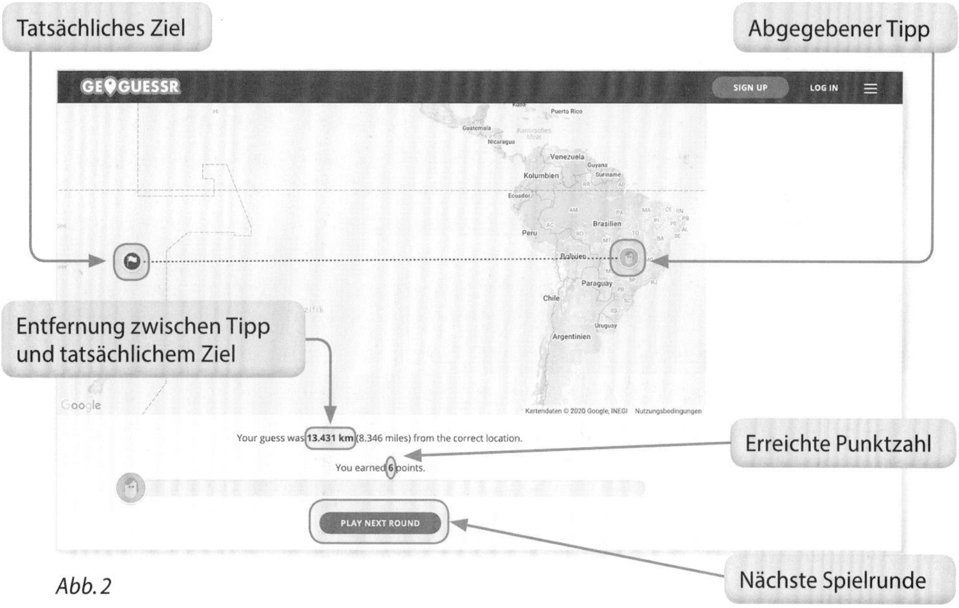

Abb. 2

Screenshots von https://www.geoguessr.com/ [07.03.2020]
GeoGuessr AB

https://www.deepl.com/translator

Computer, Tablet, Smartphone

keine Registrierung erforderlich

Beschreibung

Bei DeepL handelt es sich um ein maschinelles Übersetzungssystem, das in der Lage ist, komplexe Texte in Echtzeit und vor allem in bemerkenswerter Qualität zu übersetzen. Folgende Sprachen werden momentan unterstützt: Deutsch, Englisch, Französisch, Spanisch, Portugiesisch, Italienisch, Niederländisch, Polnisch, Russisch, Japanisch und Chinesisch. Die Textlänge ist in der Gratis-Version auf 5000 Zeichen begrenzt.
Das Tool ist sehr einfach und intuitiv zu bedienen. Auf der Startseite finden sich zwei Textfelder. Man fügt den Text, der übersetzt werden soll, in das linke Textfeld ein, die Übersetzung wird dann im rechten Textfeld angezeigt. Die gewünschte Zielsprache kann über das Drop-down-Menü direkt über dem rechten Textfeld ausgewählt werden. Die Ausgangssprache wird normalerweise automatisch erkannt, kann aber auch über das Drop-down-Menü direkt über dem linken Textfeld ausgewählt werden (Abb. 1).
Neben der reinen Übersetzung bietet das Tool noch eine besondere Funktion: Klickt man in dem Zielsprachentext auf ein beliebiges Wort, wird eine Liste mit weiteren Formulierungsvorschlägen, die synonym genutzt werden können, angezeigt. Wählt man eine andere Formulierung, passt das Tool die Satzgrammatik automatisch an die neue Formulierung an (Abb. 2). Ist die Übersetzung fertig, kann diese über die Buttons unten rechts im Textfeld in den Zwischenspeicher kopiert (dritter Button von rechts), mit anderen geteilt (zweiter Button von rechts) oder als Textdatei heruntergeladen werden (erster Button von rechts) (Abb. 2).
Neben der Texteingabe gibt es noch die Möglichkeit, ganze Dokumente hochzuladen. Hierzu klickt man in dem linken Textfeld auf „Dokument übersetzen" (Button unten links) und wählt dann das entsprechende Dokument aus (unterstützt werden docx und pptx) (Abb. 1). Nun muss nur noch im Textfeld rechts die Zielsprache ausgewählt werden. Das Tool übersetzt das komplette Dokument, die übersetzte Datei wird zum Download bereitgestellt.

Unterrichtsszenario

Mit DeepL können Texte schnell, einfach und in sehr guter Qualität übersetzt werden. Das kann z. B. bei der Unterrichtsvorbereitung sehr nützlich sein: So kann die Lehrkraft einen Text, der ihr nur in einer Fremdsprache zur Verfügung steht, ohne großen Aufwand für die Schüler*innen auf Deutsch übersetzen.

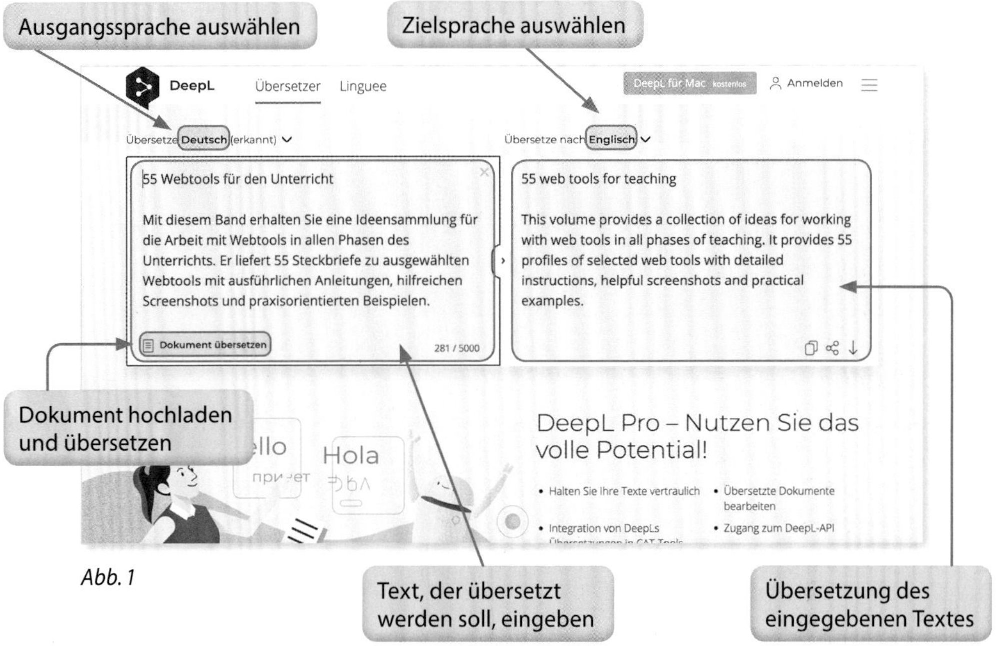
Ausgangssprache auswählen
Zielsprache auswählen
DeepL Übersetzer Linguee
DeepL für Mac kostenlos
Anmelden
Übersetze Deutsch (erkannt)
Übersetze nach Englisch
55 Webtools für den Unterricht
Mit diesem Band erhalten Sie eine Ideensammlung für die Arbeit mit Webtools in allen Phasen des Unterrichts. Er liefert 55 Steckbriefe zu ausgewählten Webtools mit ausführlichen Anleitungen, hilfreichen Screenshots und praxisorientierten Beispielen.
Dokument übersetzen
281 / 5000
55 web tools for teaching
This volume provides a collection of ideas for working with web tools in all phases of teaching. It provides 55 profiles of selected web tools with detailed instructions, helpful screenshots and practical examples.
Dokument hochladen und übersetzen
Hola
DeepL Pro – Nutzen Sie das volle Potential!
Halten Sie Ihre Texte vertraulich
Übersetzte Dokumente bearbeiten
Integration von DeepLs
Zugang zum DeepL-API
Text, der übersetzt werden soll, eingeben
Übersetzung des eingegebenen Textes

Abb. 1

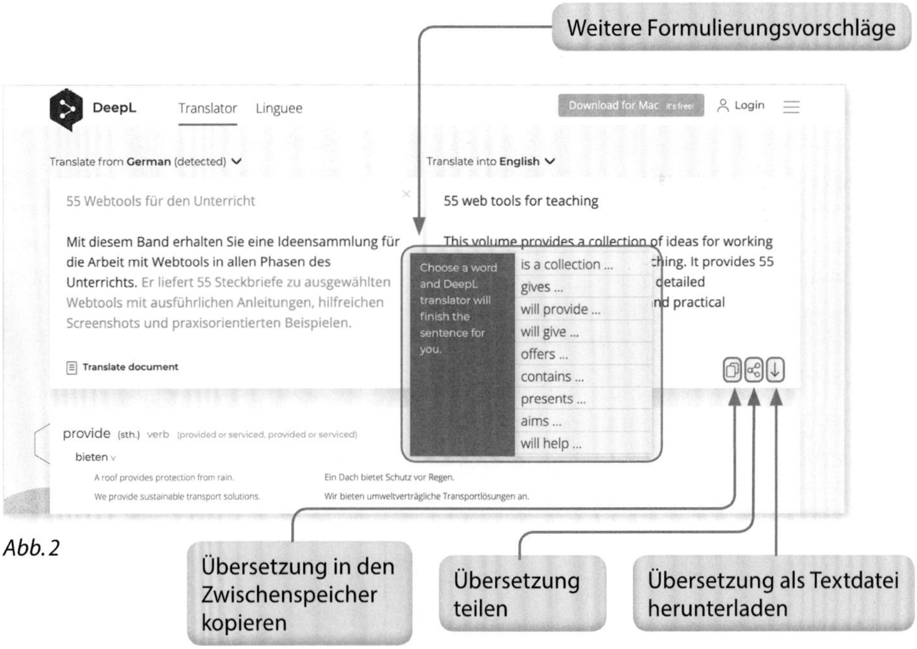
Weitere Formulierungsvorschläge
DeepL Translator Linguee
Download for Mac it's free!
Login
Translate from German (detected)
Translate into English
55 Webtools für den Unterricht
Mit diesem Band erhalten Sie eine Ideensammlung für die Arbeit mit Webtools in allen Phasen des Unterrichts. Er liefert 55 Steckbriefe zu ausgewählten Webtools mit ausführlichen Anleitungen, hilfreichen Screenshots und praxisorientierten Beispielen.
Translate document
55 web tools for teaching
This volume provides a collection of ideas for working
Choose a word and DeepL translator will finish the sentence for you.
is a collection ...
gives ...
will provide ...
will give ...
offers ...
contains ...
presents ...
aims ...
will help ...
provide (sth.) verb (provided or serviced, provided or serviced)
bieten
A roof provides protection from rain.
Ein Dach bietet Schutz vor Regen.
We provide sustainable transport solutions.
Wir bieten umweltverträgliche Transportlösungen an.
Übersetzung in den Zwischenspeicher kopieren
Übersetzung teilen
Übersetzung als Textdatei herunterladen

Abb. 2

Screenshots von https://www.deepl.com/translator [01.03.2020]
DeepL GmbH

https://lyricstraining.com/

Computer, Tablet, Smartphone

keine Registrierung erforderlich

Beschreibung

LyricsTraining ist ein Tool, das bekannte Musikvideos für das Erlernen einer Fremdsprache nutzt, insbesondere um das Hörverstehen zu trainieren.
Auf der Startseite werden bereits zahlreiche Top Lyrics des Tages und neue Songs präsentiert. Über das Drop-down-Menü in der Leiste am oberen Bildschirmrand (oben rechts) kann die gewünschte Sprache des Videos bzw. Songs ausgewählt werden. Über die Suchfunktion („Search", oben links) kann direkt nach einem Song, einem*einer Künstler*in oder einer Band gesucht werden. Hat man sich für einen Song entschieden, kann man zwischen vier verschiedenen Spielmodi bzw. Schwierigkeitsstufen wählen („Beginner", „Intermediate", „Advanced", „Expert") (Abb. 1). Anschließend kann noch ausgewählt werden, ob man die Lückenwörter selbst eintippen oder ob man aus bereits vorgegebenen Wörtern auswählen möchte (Buttons „Write Mode" und „Choice Mode" rechts oberhalb des Videos). Sobald man den Song mit Klick auf das Play-Zeichen startet, erscheint unter dem Video der Songtext, der einzelne Lücken aufweist. Das Video stoppt jeweils nach der Lücke und die Lücke kann entsprechend gefüllt werden. Mit Klick auf den Pfeil links unterhalb des Videos kann man sich die entsprechende Passage noch einmal anhören. Klickt man auf den Pfeil unten rechts, wird die Lösung angezeigt. In der Leiste oberhalb des Videos wird angezeigt, wie viele Lücken der Songtext insgesamt aufweist („Gaps"), wie viele bereits richtig („Hits") und wie viele falsch („Fails") ausgefüllt wurden (Abb. 2).

Unterrichtsszenario

Mit LyricsTraining kann man auf spielerische und vor allem motivierende Weise das Hörverstehen der Schüler*innen trainieren. Das Tool kann beispielsweise zu Beginn einer Stunde eingesetzt werden (auch als eine Art Ritual), um die Konzentration der Schüler*innen zu steigern und um sie auf die Fremdsprache einzustimmen. Diese Warm-up-Übung kann mit der ganzen Klasse oder in kleinen Gruppen durchgeführt werden.

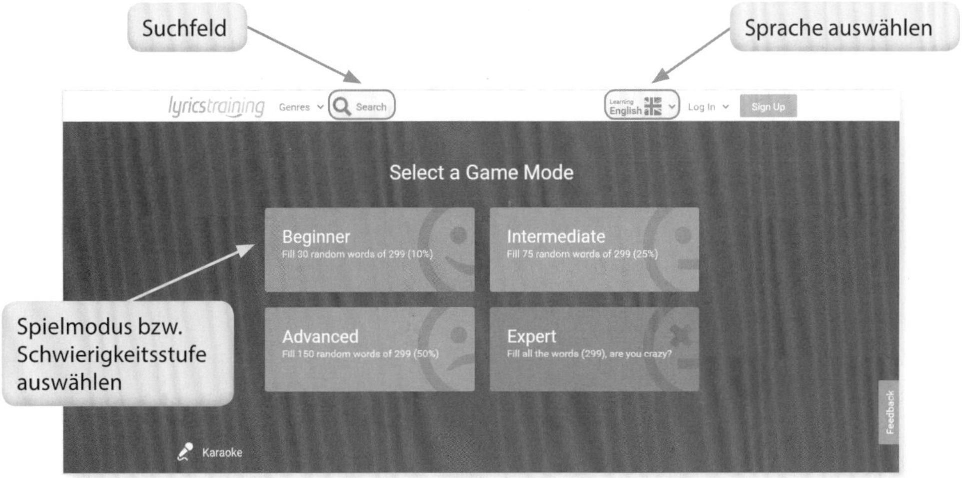

Abb. 1

Abb. 2

Screenshots von https://lyricstraining.com/ [08.02.2016]
ELASTHINK, S.L.

https://www.lehrerfreund.de/schule/1s/notenschluesselrechner/3608

Computer, Tablet, Smartphone

keine Registrierung erforderlich

Beschreibung

Der Notenrechner der Plattform Der Lehrerfreund ist ein komfortables Tool, mit dem man schnell und unkompliziert Notenschlüssel („Punkte-Noten-Tabelle“, „Fehler-Noten-Rechner“, „Abitur-Schlüssel“) erstellen und anpassen kann. Es kann eine beliebige Notenskala definiert werden (z. B. 1 bis 6 oder 0 bis 15 für die Oberstufe), auch Sockel sind möglich. Es können halbe oder ganze Punkte vergeben werden, die Noten können in unterschiedlichen Abständen ausgegeben werden.
Auf der Startseite werden verschiedene Rechner zur Auswahl gestellt. Hat man sich für einen Rechner entschieden, müssen verschiedene Eckdaten für die Berechnung der Notenskala eingegeben werden. Bei dem „Punkte-Noten-Rechner (linear)“ muss in Schritt 1 beispielsweise die Notenskala definiert werden (Eingabe der besten und der schlechtesten Note), in Schritt 2 wird der Punkte-Noten-Schlüssel erstellt (Angabe entweder der maximalen Verrechnungspunkte oder der Punktzahl, ab der die beste / die schlechteste Note vergeben wird) (Abb. 1). In Schritt 3 („Erweiterte Einstellungen“) kann schließlich festgelegt werden, wie differenziert die Skala angezeigt werden soll (ganze Punkte oder halbe Punkte; ganze Noten, halbe Noten, Drittel-, Viertel- oder Zehntelnoten). Mit Klick auf „Berechnen“ wird die errechnete Tabelle angezeigt. Diese kann nun ausgedruckt („Ergebnistabelle drucken“) oder als CSV-Datei für eine mögliche weitere Bearbeitung heruntergeladen werden („CSV-Datei für Excel herunterladen“) (Abb. 2)

Unterrichtsszenario

Punkte-Noten-Schlüssel sind für die Lehrkraft bei der Korrektur einer Klassenarbeit oder eines Tests unerlässlich. Den Schlüssel händisch zu erstellen, ist oft sehr aufwendig. Der Notenrechner der Plattform Der Lehrerfreund erspart der Lehrkraft viel Zeit und Mühe.

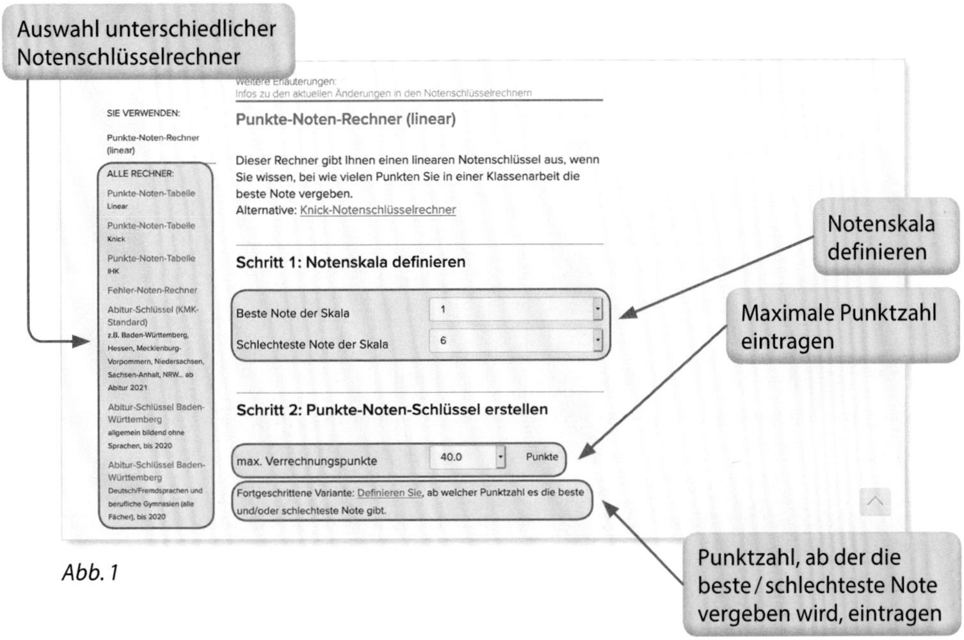

Abb. 1

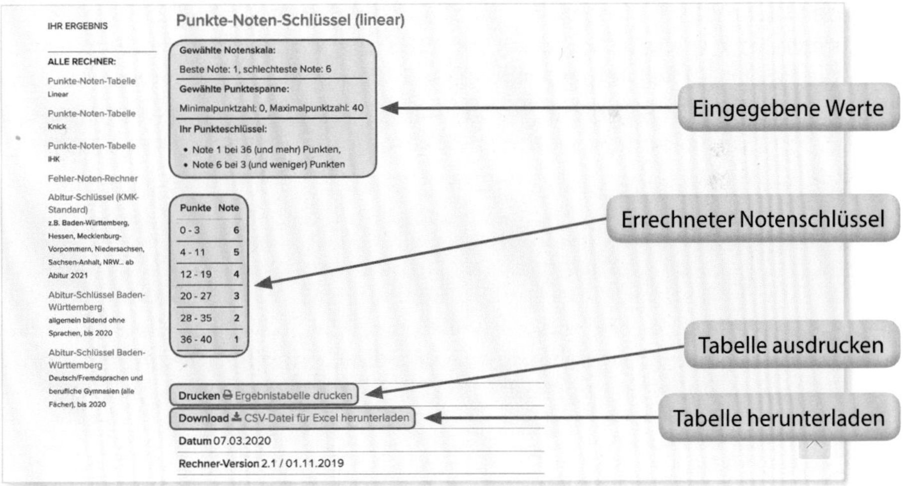

Abb. 2

Screenshots von https://www.lehrerfreund.de/schule/1s/notenschluesselrechner/3608 [07.03.2020]
Lehrerfreund GmbH

Duden Mentor

https://mentor.duden.de/

Computer, Tablet, Smartphone

keine Registrierung erforderlich

Beschreibung

Duden Mentor ist ein Tool, das eingegebene Texte in Echtzeit auf Rechtschreibung, Grammatik und Zeichensetzung prüft. Als Grundlage dient das amtliche Regelwerk. Nicht-registrierte User*innen können Texte von maximal 800 Zeichen kostenfrei prüfen. Für registrierte User*innen erhöht sich die Zeichenzahl auf 1500, zudem können weitere Features genutzt werden. Der volle Funktionsumfang inklusive Stilprüfung ist kostenpflichtig.

Das Tool ist sehr einfach und intuitiv zu bedienen. Auf der Startseite werden zwei Felder angezeigt. Man fügt den Text, der geprüft werden soll, in das Textfeld auf der linken Bildschirmseite ein. Mögliche Fehler werden direkt im Text markiert. Klickt man auf eines der markierten Wörter, wird ein Korrekturvorschlag angezeigt. Die Korrektur kann mit Klick auf das Häkchen übernommen oder mit Klick auf das X abgelehnt werden (Abb. 1). Werden mehrere Korrekturvorschläge angezeigt, klickt man auf das entsprechende Wort, um die Korrektur zu übernehmen. In dem Feld auf der rechten Seite werden die Fehler aufgelistet und Hinweise zur richtigen Schreibweise gegeben. Mit Klick auf das Clipboard-Symbol im Textfeld unten rechts kann der fertig geprüfte Text in den Zwischenspeicher kopiert werden. Klickt man auf das Papierkorb-Symbol wird der Text gelöscht (Abb. 1).

Unterrichtsszenario

Duden Mentor kann im Grunde immer dann eingesetzt werden, wenn Texte auf Rechtschreib- und Grammatikfehler geprüft werden sollen. So können die Schüler*innen z. B. ihre Texte überprüfen, bevor sie diese in einem Wiki oder Blog veröffentlichen.

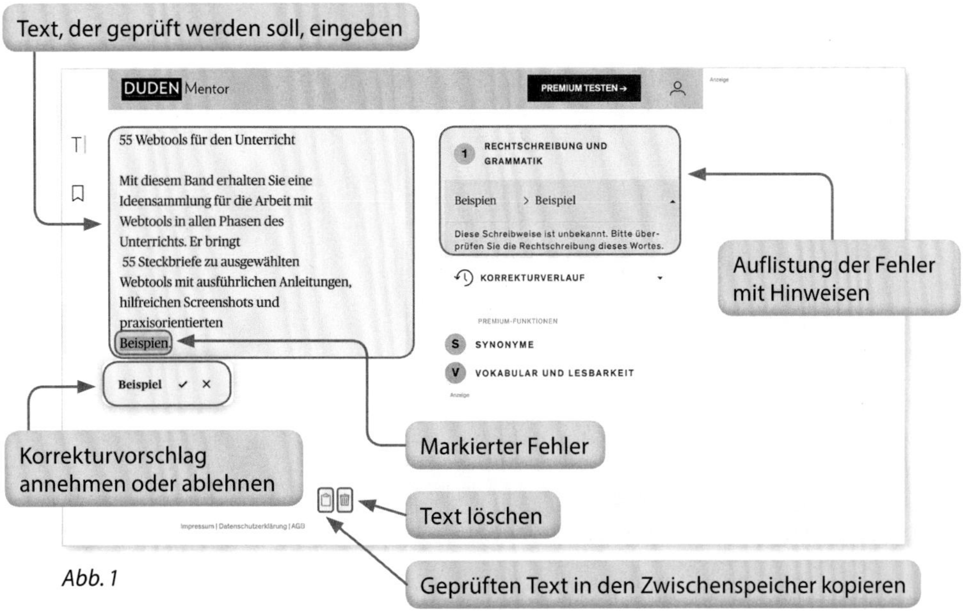

Abb. 1

Screenshot von https://mentor.duden.de/ [01.03.2020]
Bibliographisches Institut GmbH

https://www.plagium.com/en/plagiarismchecker

Computer, Tablet

keine Registrierung erforderlich

Beschreibung

Bei Plagium handelt es sich um eine Online-Plagiatsprüfung. Das Tool vergleicht den eingegebenen Text mit Texten aus dem Internet und kennzeichnet, wenn es sich um ein Plagiat handelt.
Plagium ist sehr übersichtlich gestaltet. Auf der Startseite findet sich mittig ein Textfeld, in das der zu überprüfende Text kopiert werden kann. Mit Klick auf „Quick Search" unterhalb des Textfeldes wird die Überprüfung gestartet (Abb. 1). Für die Nutzung von „Deep Search", also einer umfangreicheren Überprüfung, muss man sich registrieren. Plagium gleicht nun den eingegebenen Text mit Texten aus dem Internet ab. Ist die Überprüfung abgeschlossen, wird angezeigt, in welchen Quellen der Text gefunden wurde und wie viel Prozent des Textes jeweils übereinstimmen bzw. als Plagiat erkannt wurden („Similarity") (Abb. 2). Mit Klick auf eine der Quellen werden die beiden Texte direkt gegenübergestellt. In dem linken Textfeld findet sich der eingegebene Text, in dem rechten Textfeld ist der Text der ausgewählten Quelle. Direkt übernommene Passagen sind jeweils farbig markiert. Über die beiden Buttons „Previous" und „Next", direkt unter den Textfeldern, kann zur vorherigen bzw. nächsten Gegenüberstellung gewechselt werden (Abb. 3).
Hinweis: In der registrierungsfreien Version ist Plagium auf Suchaktionen zu je maximal 1000 Wörter pro Tag beschränkt.

Unterrichtsszenario

Nicht immer kann sich die Lehrkraft bei von den Schüler*innen verfassten Texten sicher sein, dass es sich um eine Eigenleistung handelt. Mitunter werden einzelne Sätze oder sogar ganze Passagen aus dem Internet kopiert, ohne dass die Schüler*innen dies kennzeichnen. Mit Plagium kann die Lehrkraft auf einfache Weise prüfen, ob Hausaufgaben, Aufsätze oder Referate auch tatsächlich aus der Feder der Schüler*innen stammen. Allerdings funktioniert das nur, wenn die Texte nahezu eins zu eins übernommen wurden. Wurden Syntax und Vokabular (Synonyme) geändert, stößt das Tool an seine Grenzen.

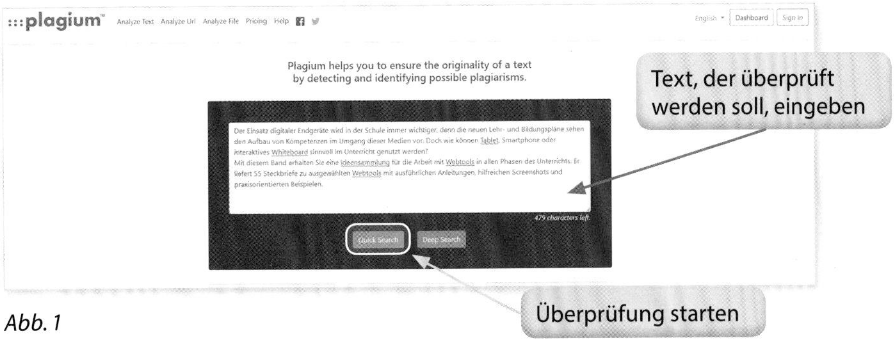

Abb. 1

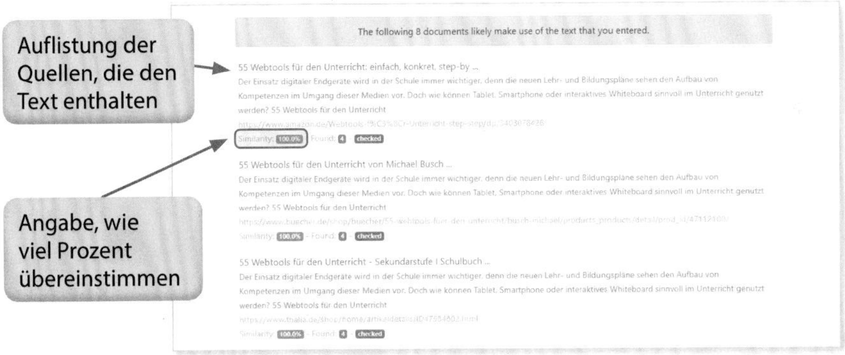

Abb. 2

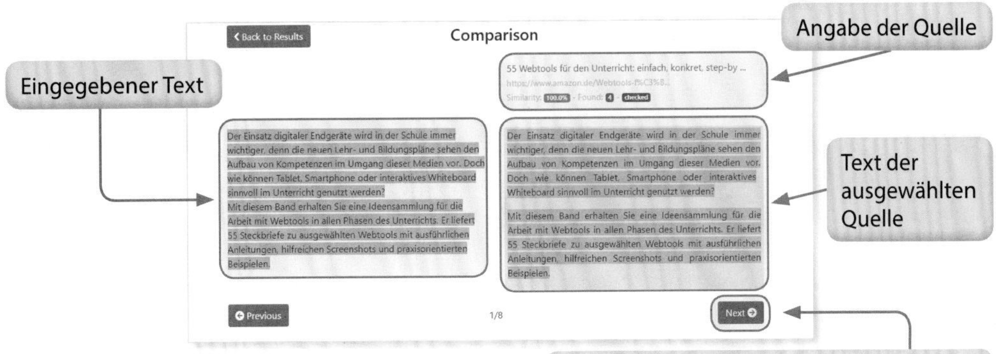

Abb. 3

Screenshots von https://www.plagium.com/en/plagiarismchecker [04.06.2020]
Septet Systems Inc.

https://web-capture.net/de/

Computer, Tablet

keine Registrierung erforderlich

Beschreibung

Mit Web Capture kann man Screenshots, d. h. Bildschirmfotos von Webseiten machen. Der Vorteil dieses Tools liegt darin, dass die Screenshots – im Unterschied zu der normalen, im Betriebssystem integrierten Screenshot-Funktion – nicht erst in ein Grafikprogramm importiert werden müssen, um sie dann entsprechend speichern und weiter nutzen zu können. Zudem kann man den gesamten Webseitenbereich hochauflösend aufnehmen und nicht nur den im Browserfenster sichtbaren.
Möchte man einen Screenshot einer Webseite erstellen, kopiert man die entsprechende URL in das Eingabefeld auf der Startseite (unterhalb der Beschreibung des Tools). Anschließend muss nur noch das gewünschte Dateiformat ausgewählt werden (rechts neben dem Eingabefeld). Die zur Auswahl stehenden Dateiformate sind: JPEG image, PDF file, TIFF image, BMP image, PNG image, Postscript file, SVG file. Mit Klick auf „Webseite aufnehmen" unterhalb des Eingabefeldes wird der Screenshot erstellt (Abb. 1). Es dauert etwas, bis der Screenshot geladen ist und die Vorschau angezeigt wird. Der Screenshot kann dann entweder im ausgewählten Dateiformat heruntergeladen werden („Download" in der Leiste oberhalb der Vorschau) oder als ZIP-Datei („Als ZIP-Archiv herunterladen"). Mit Klick auf „Ansicht" (in der Leiste oberhalb der Vorschau) wird der Screenshot in einem neuen Tab geöffnet (Abb. 2).

Unterrichtsszenario

Web Capture ist ein nützliches Tool, um Webseiten miteinander zu vergleichen. So können die Schüler*innen beispielsweise im Deutschunterricht Screenshots der Webseiten der großen Tageszeitungen machen, diese im Hinblick auf ihre Gestaltungsmerkmale und die inhaltliche Auswahl vergleichen und dann mithilfe eines Grafikprogramms bearbeiten (z. B. Markierungen vornehmen oder Kommentare einfügen).

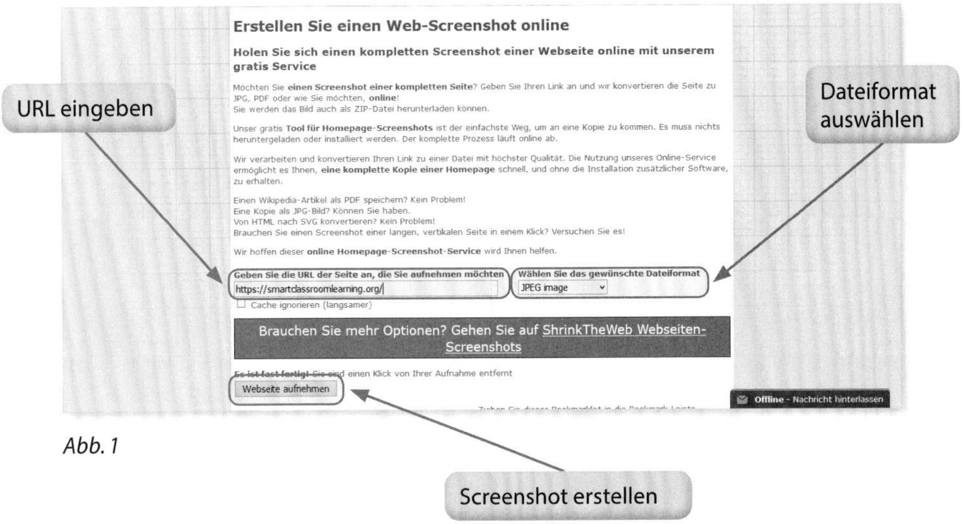
Erstellen Sie einen Web-Screenshot online
Holen Sie sich einen kompletten Screenshot einer Webseite online mit unserem gratis Service
Möchten Sie einen Screenshot einer kompletten Seite? Geben Sie Ihren Link an und wir konvertieren die Seite zu JPG, PDF oder wie Sie möchten, online!
Sie werden das Bild auch als ZIP-Datei herunterladen können.
Unser gratis Tool für Homepage-Screenshots ist der einfachste Weg, um an eine Kopie zu kommen. Es muss nichts heruntergeladen oder installiert werden. Der komplette Prozess läuft online ab.
Wir verarbeiten und konvertieren Ihren Link zu einer Datei mit höchster Qualität. Die Nutzung unseres Online-Service ermöglicht es Ihnen, eine komplette Kopie einer Homepage schnell, und ohne die Installation zusätzlicher Software, zu erhalten.
Einen Wikipedia-Artikel als PDF speichern? Kein Problem!
Eine Kopie als JPG-Bild? Können Sie haben.
Von HTML nach SVG konvertieren? Kein Problem!
Brauchen Sie einen Screenshot einer langen, vertikalen Seite in einem Klick? Versuchen Sie es!
Wir hoffen dieser online Homepage-Screenshot-Service wird Ihnen helfen.
Geben Sie die URL der Seite an, die Sie aufnehmen möchten
https://smartclassroomlearning.org/
Wählen Sie das gewünschte Dateiformat
JPEG image
Cache ignorieren (langsamer)
Brauchen Sie mehr Optionen? Gehen Sie auf ShrinkTheWeb Webseiten-Screenshots
Es ist fast fertig! Sie sind einen Klick von Ihrer Aufnahme entfernt
Webseite aufnehmen
Offline - Nachricht hinterlassen
URL eingeben
Dateiformat auswählen
Screenshot erstellen

Abb. 1

Vollbild Screenshot: (Ansicht | Download | Als ZIP-Archiv herunterladen)
Smart Classroom Learning
SchiLF Digitale Bildung geht in die 2. Runde
Lernen in der digitalen Welt – Pädagogischer Jahrestag an der Stadtteilschule Am Heidberg
Offline - Nachricht hinterlassen
Screenshot in einem neuen Tab öffnen
Screenshot im ausgewählten Dateiformat herunterladen
Vorschau Screenshot

Abb. 2

Screenshots von https://web-capture.net/de/ [25.11.2016]
web-capture.net

https://www.spreeder.com/app.php

Computer, Tablet, Smartphone

keine Registrierung erforderlich

Beschreibung

Spreeder ist ein Tool, mit dessen Hilfe man die Lesegeschwindigkeit steigern kann. Hierzu kopiert man einen beliebigen Text in das auf der Startseite angezeigte Textfeld (Abb. 1). Klickt man dann auf den Button „Spreed!" (direkt unterhalb des Textfeldes), erscheint eine Art „Textabspielgerät". In dem Textfeld wird das erste Wort des zuvor eingegebenen Textes angezeigt. Über die Leiste direkt unterhalb des Textfeldes kann die Wiedergabe gesteuert werden. Mit Klick auf den Play-Button wird der Text Wort für Wort angezeigt, mit Klick auf den Stopp-Button kann die Wiedergabe gestoppt werden. Unter „Settings" können die voreingestellten Einstellungen, beispielsweise die Wiedergabegeschwindigkeit („words per minute"), die Größe des Textfeldes („window size") oder die Anzahl der Wörter, die angezeigt werden („chunk size"), geändert werden (Abb. 2). Standardmäßig werden 300 Wörter pro Minute angezeigt. Mit Klick auf „save" werden die Einstellungen übernommen.

Unterrichtsszenario

Spreeder ist ein nützliches Tool für Leseübungen. Es eignet sich sowohl für schwache als auch für starke Leser*innen. Schwache Leser*innen können die Wiedergabegeschwindigkeit reduzieren und eine niedrige Frequenz einstellen. Zudem kann es von Vorteil sein, wenn sie die Wörter einzeln nacheinander präsentiert bekommen und nicht gleich mit der Textmasse konfrontiert werden. Für starke Leser*innen kann es eine motivierende Herausforderung sein, Texte mit immer größerer Lesegeschwindigkeit zu rezipieren. Auf jeden Fall aber sollte im Anschluss eine Aufgabe zum Textverständnis folgen (z. B. ein Multiple-Choice-Test), um zu überprüfen, ob das Gelesene auch verstanden wurde.

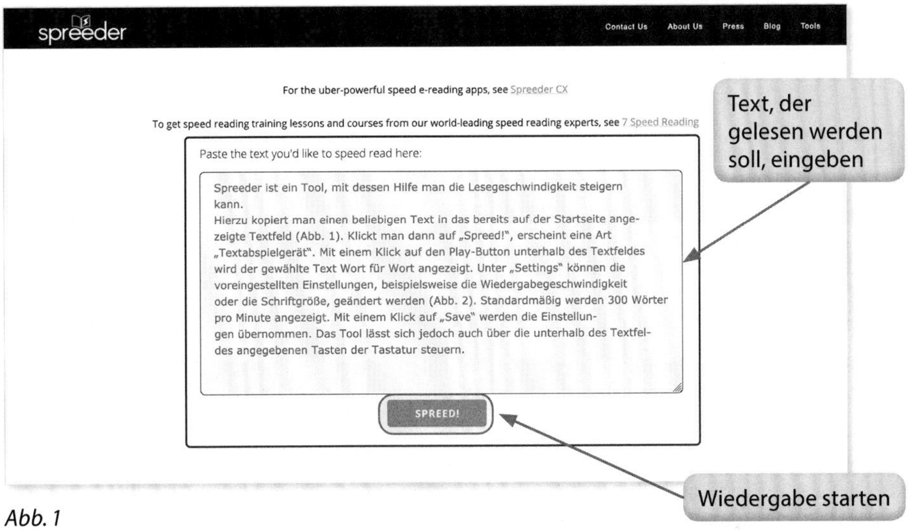

Abb. 1

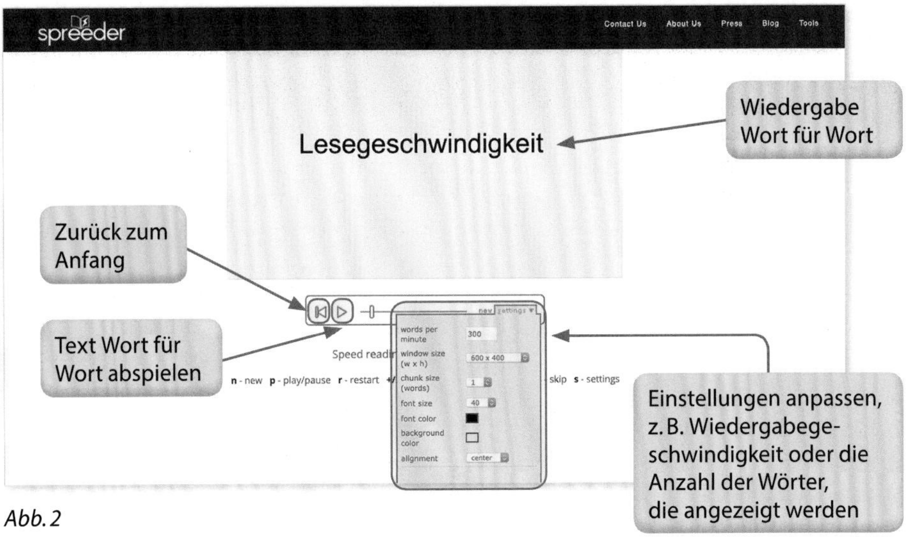

Abb. 2

Screenshots von https://www.spreeder.com/app.php [01.03.2020]
eReflect Software

https://t1p.de/

Computer, Tablet, Smartphone

keine Registrierung erforderlich

Beschreibung

Bei diesem Tool handelt es sich um einen sogenannten URL-Kürzer, d. h. lange Internetadressen werden in kurze umgewandelt, gleichzeitig werden alle Links auf einen möglichen Malware- und Phishingbefall überprüft.
Hierzu kopiert man einfach die zu kürzende URL in das dafür vorgesehene Feld auf der Startseite (unter „Kurzlink erstellen“) und klickt auf „Link kürzen“. Die Kurz-URL wird unterhalb des Eingabefeldes angezeigt (Abb. 1). Mit Klick auf „Link kopieren“ kann der Link kopiert werden. Klickt man direkt auf den Link, öffnet sich ein neuer Tab und die gewünschte Webseite wird angezeigt. Unterhalb des Eingabefeldes gibt es weitere Einstellungsmöglichkeiten für die Kurz-URL (Feld „Kurz-URL Einstellungen“). So kann z. B. eine Wunsch-URL angegeben, der Link durch ein Passwort geschützt, der Gültigkeitszeitraum eingeschränkt oder ein QR-Code erzeugt werden (Abb. 1).

Unterrichtsszenario

Der URL-Kürzer ist ein nützliches Tool, um die Arbeit mit Internetlinks zu erleichtern. Sollen die Schüler*innen zielgerichtet auf eine ganz bestimmte Unterseite einer Webseite geführt werden – beispielsweise bei Internetrallyes –, ist es sinnvoll, ihnen Kurz-URLs vorzugeben. Das Abtippen sehr langer URLs ist mühsam und die Wahrscheinlichkeit, dass sich Fehler einschleichen und die Seite nicht angezeigt werden kann, recht hoch.

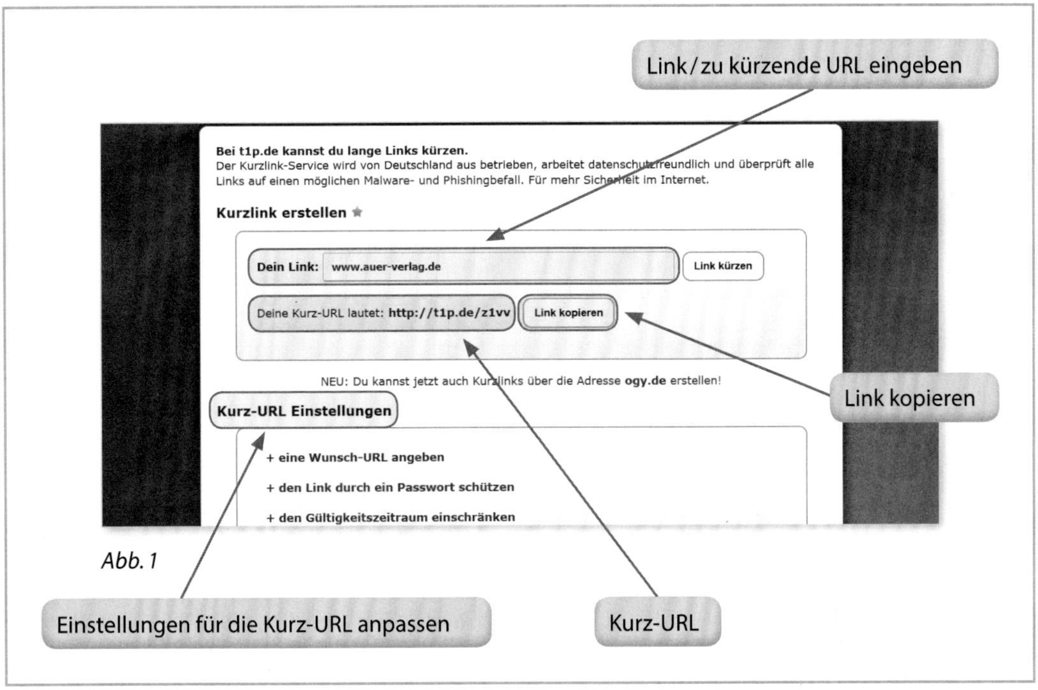

Abb. 1

Screenshot von https://t1p.de/ [24.11.2016]
okua GmbH

https://www.voki.com/

Computer, Tablet

keine Registrierung erforderlich

Beschreibung

Mit Voki lassen sich sprechende Avatare erstellen.
Um die kostenfreie Testversion zu nutzen, klickt man auf dem Startbildschirm den Button „Try it – it's free". Ist der Editor geladen, erscheint mittig bereits ein Beispiel eines Avatars, das über die unterschiedlichen Gestaltungselemente in der Spalte am linken Bildschirmrand entsprechend verändert werden kann. Zur Auswahl steht hier eine Vielzahl unterschiedlicher Charaktere (erstes Symbol von oben in der linken Spalte), die mit unterschiedlichen Accessoires (zweites Symbol von oben) ausgestattet werden können. Darüber hinaus kann der Hintergrund verändert (drittes Symbol von oben) und für jedes einzelne Element die Farbe (viertes Symbol von oben) festgelegt werden. Je nach ausgewähltem Gestaltungselement öffnen sich weitere Spalten, in denen weitere Elemente ausgewählt werden können. Klickt man auf den Würfel oben links wird ein zufälliger Charakter generiert (Abb. 1). Steht das Aussehen des Avatars, kann man ihm mit Klick auf das Lautsprecher-Icon (unten in der Spalte am linken Bildschirmrand) noch eine Stimme geben. Der Text kann entweder eingetippt (Symbol Taste), eingesprochen (Symbol Mikrofon oder Symbol Telefonhörer) oder bereits als Audiodatei hochgeladen werden (Symbol Ordner). Tippt man einen Text ein, kann man über das Drop-down-Menü direkt unter dem Textfeld die Sprache sowie eine Stimme auswählen. Mit Klick auf das Play-Zeichen unterhalb des Avatars wird der eingegebene Text vorgelesen (Abb. 2). Mit Klick auf „Save" (unten rechts) kann der Avatar gespeichert und im nächsten Schritt geteilt werden.

Unterrichtsszenario

Avatare können beispielsweise im Deutschunterricht erstellt werden, um Gedanken und Gefühle einer fiktionalen Figur der im Unterricht behandelten Lektüre zu formulieren. Die Schüler*innen können dabei das Aussehen der Avatare (annähernd) so gestalten, wie sie sich die Figur vorstellen, und passende Texte einfügen, die dann von dem Avatar vorgetragen werden. Als Lehrkraft sollte man allerdings darauf achten, dass sich die Schüler*innen dabei nicht ausschließlich auf die äußere Gestaltung der Figuren konzentrieren.

Abb. 1

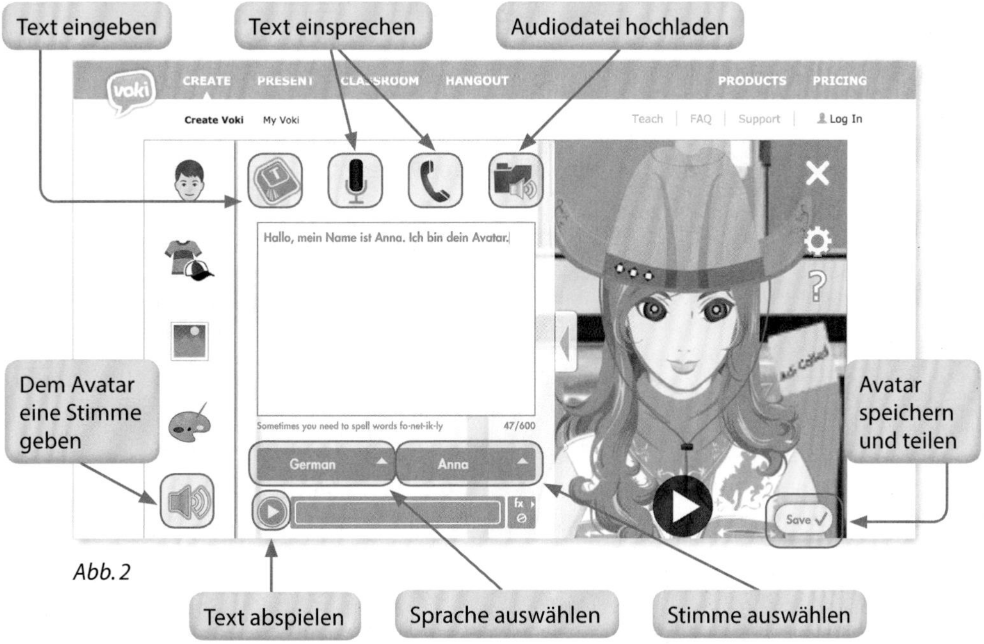

Abb. 2

Screenshots von https://www.voki.com/ [07.03.2020]
Oddcast Inc.